말랑말랑 생활인성 교과서
K-생활예절

발간사

발간사

『말랑말랑 생활인성 교과서, K-생활예절』 발간에 부쳐

요즘은 예절을 배우려는 사람도, 가르치려는 사람도 점점 찾아보기 어려워졌습니다. 예절은 낡은 것이 아니라 사람과 사람 사이의 관계를 부드럽게 이어주는 지혜이고, 존중과 배려가 담긴 삶의 방식입니다. 그럼에도 불구하고 오늘날 우리의 교육 현장과 일상에서는 예절이 점점 뒷전으로 밀려나고 있습니다.

약 30년 가까이 저는 우리의 전통차茶문화와 예의禮儀문화를 공부하고 연구하며 교육하는 일을 해왔습니다. 그 과정에서 느낀 것은 예절이 사라지고 있는 것이 아니라 시대에 맞는 방식으로 다시 설명되고 가르쳐져야 한다는 절실함이었습니다.

그래서 이 책은 단순히 전통을 소개하는 데에 그치지 않고, 오늘을 살아가는 우리의 아이들과 청소년들이 '왜 예절이 필요한가'를 스스로 생각하고 실천할 수 있도록 현대적인 언어와 구성으로 풀어내고자 했습니다.

『말랑말랑 생활인성 교과서, K-생활예절』은 한국인이라면 반드시 알고 지켜야 할 기본적인 생활 속 예의범절을 담은 책입니다. 특히 교육 현장에서 아이들을 지도하시

는 교사들을 위한 교재로 실제 수업이나 생활지도에 바로 적용할 수 있도록 구성하였습니다.

예절 총론, 말과 행동의 기본윤리基本倫理, 올바른 인사, 남녀의 절, 술 예절, 차 예절, 조문弔問예절, 음식, 직장, 학교예절 그리고 가정에서 실천할 수 있는 작명례, 성년례, 혼인례, 수연례, 세시풍속 등을 구체적으로 정리했습니다.

이 책은 예절교육 현장에서 활동하는 장동순, 김영미, 윤동은 세 분 선생님과 마음을 모아 발간하게 되었습니다. 모쪼록 무너져 가는 예절의 벽을 일으켜 세우는 모든 선생님들의 든든한 길잡이가 되기를 진심으로 기원합니다.

2025년 8월
 수원화성예다禮茶교육원장 강성금배례

목차

제1장 예절 총론(總論)

제1절	한국은 동방예의지국(東方禮儀之國)	24
제2절	동이열전(東夷列傳)의 뿌리	28
제3절	동이(東夷)는 한국이고 이(夷)는 군자가 사는 곳(君子居之)	30
제4절	한국인 정신(精神)과 인성	34
제5절	한국 예학자(禮學者)와 예서(禮書)	36
제6절	예절을 실천하는 요령	38

    1. 예절은 약속해 놓은 생활방식이다.
    2. 예절의 목적(目的)
    3. 예절의 실제(實際)와 격식(格式)
        1) 예절의 실제는 의사(議事)이다.
        2) 의사소통(意思疏通)은 격식이다.
        3) 의사 격식의 중요성
    4. 참 예절
    5. 예절의 분류(分類)
        1) 행위에 의한 분류
            ① 혼자 하는 예절
            ② 남에게 하는 예절
            ③ 함께하는 예절
        2) 적용 범위
            ① 기본예절
            ② 생활예절
            ③ 의식예절

제2장 공통예절(共通禮節)

제1절　사람의 기본윤리(基本倫理)　　　　　　　　　　　　45
　　　1. 공통예절의 의미
　　　2. 기본질서(基本秩序)

제2절　공손한 자세와 공수　　　　　　　　　　　　　　　46
　　　1. 공수(拱手)
　　　2. 공수하는 방법
　　　　1) 평상시 공수법
　　　　2) 흉사시(凶事時) 공수법
　　　　3) 남좌여우(男左女右)의 이유

제3절　읍례(揖禮)와 굴신례(屈身禮)　　　　　　　　　　48
　　　1. 읍례의 의미
　　　2. 읍례의 종류
　　　　1) 상읍례(上揖禮)
　　　　2) 중읍례(中揖禮)
　　　　3) 하읍례(下揖禮)
　　　　4) 굴신례(屈身禮)
　　　3. 남자 읍례의 방법
　　　4. 여자 굴신례의 방법

제4절　　배례법(拜禮法)　　　　　　　　　　　　　　　　　　　51
　　1. 절의 의미
　　2. 절의 대상(對象)
　　　　1) 큰절
　　　　2) 평절
　　　　3) 반절
　　3. 절하는 요령
　　　　1) 기본 횟수
　　　　2) 생사의 구별
　　　　3) 절의 재량과 절하는 시기
　　　　4) 맞절의 요령
　　　　5) 답배의 요령

제5절　　남자의 절　　　　　　　　　　　　　　　　　　　　53
　　1. 남자 큰절, 계수배(稽首拜)
　　2. 남자 평절, 돈수배(頓首拜)
　　3. 남자 반절, 공수배(控首拜)
　　4. 임금에게 하는 고두배(叩頭拜)

제6절　　여자의 절　　　　　　　　　　　　　　　　　　　　57
　　1. 여자 큰절, 숙배(肅拜)
　　2. 여자 평절, 평배(平拜)
　　3. 여자 반절, 반배(半拜)

제7절	경례(敬禮)의 의미와 종류	64

    1. 경례의 의미
    2. 경례의 종류
        1) 의식경례 2) 큰경례 3) 평경례 4) 반경례 5)목례
        6) 거수경례 7) 맹세의 경례

제8절	악수(握手) 예절	65

    1. 악수하는 요령

제9절	국민의례(國民儀禮)	66

    1. 국민의례의 목적
    2. 태극기(太極旗)의 의미
    3. 국기(國旗)에 대한 맹세
    4. 국기 게양 방법

제10절	애국가(愛國歌)	69

    1. 애국가의 뜻
    2. 만세삼창(萬歲三唱)
    3. 국화(國花), 무궁화(無窮花)
    4. 대통령과 그 가족에 대한 칭호(稱號)

제3장 생활예절(生活禮節)

제1절　언어 예절　　　　　　　　　　　　　　　　　　　　74
　　1. 말의 맵시
　　2. 말을 하는 예절
　　3. 말을 듣는 예절

제2절　고전의 구사·구용(九思九容)　　　　　　　　　　　76
　　1. 구사(九思)
　　2. 구용(九容)

제3절　칭호(稱號)와 기거동작(起居動作)　　　　　　　　79
　　1. 호칭(呼稱)과 지칭(指稱)
　　2. 기거동작(起居動作)

제4절　옷을 입는 예절　　　　　　　　　　　　　　　　　81
　　1. 옷차림
　　　　1) 옷의 기능
　　　　2) 단정한 용모 복장의 중요성
　　　　3) 옷차림의 기본
　　　　4) 상황에 맞는 옷차림
　　2. 한복 바르게 입기
　　　　1) 한복은 한국의 고유한 옷
　　　　2) 길복과 흉복
　　　　3) 바지와 두루마기와 목도리 착용

　　　　3. 남자의 한복
　　　　　　1) 남자 한복의 종류
　　　　　　2) 남자 한복 입는 순서
　　　　4. 여자의 한복
　　　　　　1) 여자 한복의 종류
　　　　　　2) 여자 한복 입는 순서

제5절　**첫인사 소개(紹介) 예절**　　　　　　　　　　　　　　88
　　　　1. 첫인사 예절
　　　　2. 소개하는 예절

제6절　**명함(名銜) 예절**　　　　　　　　　　　　　　　　　90
　　　　1. 명함 주는 법
　　　　2. 명함 받는 법
　　　　3. 명함 관리
　　　　4. 명함 교환 에티켓

제7절　**전화 예절**　　　　　　　　　　　　　　　　　　　92
　　　　1. 전화 거는 예절
　　　　2. 전화 받는 예절

제8절　**방문(訪問) 예절**　　　　　　　　　　　　　　　　94
　　　　1. 방문할 때
　　　　2. 실내에 들어갈 때
　　　　3. 손님을 안내할 때
　　　　4. 엘리베이터를 탈 때
　　　　5. 배웅할 때

제9절	식사 예절	96
제10절	차(茶) 예절	98

    1. 차를 대접하는 예절
    2. 차를 대접받는 예절

제11절	술(酒) 예절	100

    1. 술을 대접하는 예절
    2. 술을 대접받는 예절

제12절	조문(弔問) 예절	102

    1. 조상(弔喪)과 문상(問喪)
    2. 조문(弔問) 가기 전 확인할 사항
    3. 조문할 때의 옷차림
    4. 조문(弔問)에서의 기본 매너
    5. 조문하는 순서
    6. 조의금 문구

제13절	직장(職場) 예절	106

    1. 직업을 갖는 목적
    2. 직업의 귀천(貴賤)
    3. 목민심서(牧民心書)
    4. 직장인의 자세
    5. 직장에서 보고의 자세
    6. 근무 상황에 따른 인사법

제14절	가족의 범위와 촌수(寸數)	112

    1. 가족의 범위
    2. 촌수 따지는 법

제4장 가정의례(家庭儀禮)

제1절	가정의례의 의의(意義)	117
제2절	가정의례의 변천	118
	1. 현대의 가정의례	
	2. 7례(禮) 3제(制)	
제3절	위계와 질서(位階·秩序)	120
	1. 가정에서의 위계와 질서	
	2. 사회에서의 위계와 질서	
	3. 특수분야에서의 위계와 질서	
	4. 위계가 없는 세 가지	
	1) 남자와 여자는 위계가 없다.	
	2) 주인과 손님은 위계가 없다.	
	3) 문관(文官)과 무관(武官)은 위계가 없다.	
제4절	작명례(作名禮)	123
	1. 작명례의 목적	
	2. 우리나라 이름의 특수성	
	1) 항렬자(行列字) 따르는 이름	
	2) 항렬자의 종류	
	3. 이름의 종류	
	1) 아명(兒名)	
	2) 관명(官名, 族譜名, 戶籍名)	

　　　　　3) 자(字)
　　　　　4) 호(號, 雅號)
　　　　　5) 시호(諡號)
　　　　4. 작명례 절차
　　　　　1) 작명례의 시기
　　　　　2) 명첩(名帖)의 작성

제5절　**관례(冠禮)·성년례(成年禮)**　　　　　　　　　　　　　　　130
　　　　1. 관례(冠禮)의 의미와 역사
　　　　2. 관례의 절차
　　　　　1) 택일(擇日)
　　　　　2) 준비
　　　　　3) 초가례(初加禮)
　　　　　4) 재가례(再加禮)
　　　　　5) 삼가례(三加禮)
　　　　　6) 초례(醮禮)
　　　　　7) 자관자례(字冠者禮)
　　　　3. 계례(筓禮)
　　　　4. 오늘날의 성년례
　　　　　1) 성년례(成年禮)
　　　　　2) 성년례에 쓰이는 문안

제6절　**혼인례(婚姻禮)**　　　　　　　　　　　　　　　　　　　　139
　　　　1. 혼인(婚姻)의 의미
　　　　2. 혼례(昏禮)와 결혼(結婚)
　　　　3. 혼인(婚姻)의 정신
　　　　　1) 삼서정신(三誓精神)

        2) 평등정신(平等精神).
    4. 혼인의 조건
    5. 혼인의 절차
        1) 우리나라 전통혼인례(傳統婚姻禮)
        2) 주육례(周六禮)
        3) 주자사례(朱子四禮)
    6. 현대 혼인의 절차
    7. 납채(納采)·납폐(納幣) 서식
    8. 사주(四柱) 서식·사주 봉투
    9. 혼서지(婚書紙)·혼서지 봉투
    10. 오늘날의 혼인 풍속과 혼인 절차

제7절   수연례(壽筵禮)   149
    1. 수연례의 의미
    2. 수연례의 종류

제8절   상장례(喪葬禮)   152
    1. 상장례의 의미
    2. 상례의 절차
    3. 상례의 음식
    4. 상중제례(喪中祭禮)
    5. 상복의 종류와 기간
    6. 고례 상례의 문제점
    7. 제례(祭禮)의 의미
        1) 제례의 종류
        2) 제례 음식과 종류
        3) 음복(飮福)

제5장 세시풍속(歲時風俗)과 명절

제1절　세시풍속(歲時風俗)　　　　　　　　　　　　　　　165

제2절　계절 · 명절과 풍속(風俗)의 관계　　　　　　　　　166

제3절　세시풍속과 4代 명절　　　　　　　　　　　　　　168
　　　1. 설날
　　　　1) 설의 유래
　　　　2) 설날의 놀이와 음식
　　　　3) 차례 상차림
　　　　4) 설날의 세배
　　　　5) 설날 세배다례(歲拜茶禮)
　　　2. 한식(寒食)
　　　　1) 한식의 유래
　　　　2) 한식의 풍속
　　　3. 단오(端午)
　　　　1) 단오의 유래
　　　　2) 단오의 풍속
　　　 4. 한가위(秋夕)
　　　　1) 추석의 유래
　　　　2) 추석의 풍속

참고 문헌 188
부록 강성금 칼럼 192

제1장
예절 총론(總論)

제1절 한국은
　　　　동방예의지국 (東方禮儀之國)

　　예부터 우리나라를 가리켜 동방예의지국(동쪽에 있는 예절의 나라)이라고 했다. 우리나라를 동방예의지국이라고 한 문헌적 근거를 찾아보면 공빈(孔斌)이 쓴 '동이열전(東夷列傳)'에 '동방예의지군자국(東方禮儀之君子國)'이라고 나와 있다.

　　'동이열전'은 서기전 268년[중국 전국시대 위(魏) 안희왕(安釐王) 10년], 중국 위나라 대부(大夫)인 공빈(孔斌: 중국 역사서 通鑑-공자의 6대손, 곡부공씨(曲阜孔氏) 족보-공자의 8대손)이 쓴 글이다. 공빈이 쓴 '동이열전'에 이렇게 쓰여 있다.

　　.... "옛날부터 동쪽에 나라가 있는데 이름을 동이라고 한다(東方有古國 名曰東夷). 방위는 28수(二十八宿)의 기성과 미성의 방향이고, 지역은 조선 백두산에 접해 있다 (星分箕尾 地接鮮白).

* 훌륭한 사람 단군이 나니까 9개 부족 구이가 그를 받들어 임금으로 뫼시니 요임금과 한 때의 일이다(始有神人 檀君 遂應九夷之推戴而爲君 與堯竝立).
* 우순이 동이에서 낳아 중국에 들어와 천자가 되어 훌륭하게 다스리니 뭇 임금 위에 우뚝했다(虞舜 生於東夷而入中國 爲天子至治 卓冠百王).
* 자부선인이 학문에 통달하고 다른 사람보다 지혜가 있으니 황제가 그에게서 공부하고 내황문을 받아와서 염제 신농씨 대신 임금이 되었다(紫府仙人 有通之學 過人之智 黃帝受內皇文於其門下 代炎帝而爲帝).
* 소련과 대련이 부모의 상을 잘 치러 3일을 게을리하지 않고 3년을 근심하니 나의 할아버지[孔子]께서 칭찬하셨다(小連大連 善居喪 三日不怠 三年憂 吾先夫子稱之).

- 중간생략 -
* 그 나라는 비록 크나 스스로 교만하지 않았고, 그 군대는 비록 강하나 남의 나라를 침범하지 않았다(其國雖大 不自驕衿 其兵雖强 不侵入國).
* 풍속이 순후해서 다니는 이들이 길을 양보하며, 먹는 이들이 밥을 미루며, 남자와 여자가 따로 거처해 자리를 함께하지 않으니 '동쪽에 있는 예스러운 군자의 나라'라고 할 것이다(風俗淳厚 行者讓路 食者推飯 男女異處而不同席 可謂東方禮儀之君子國也).

- 중간생략 -
* 이러하기 때문에 나의 할아버지[孔子]께서 동이에 살고 싶어 하시면서 누추하지 않다고 하셨다(是故 吾先夫子 欲居東夷而不以爲陋). -이하생략-"

東 夷 列 傳

東方有古國. 名曰東夷. 星分箕尾. 地接鮮白. 始有神人檀君. 遂應九夷之推戴而爲君. 與堯竝立. 虞舜生於東夷而入中國. 爲天子. 至治卓冠百王. 紫府仙人. 有通之學. 過人之智. 黃帝受內皇文於其門下. 代炎帝而爲帝. 小連大連. 善居喪. 三日不怠. 三年憂. 吾先夫子稱之. 夏禹塗山會. 夫婁親臨而定國界. 有爲子以天生之聖人. 英名洋溢乎中國. 伊尹. 受業於其門而爲殷湯之賢相. 其國雖大. 不自驕矜. 其兵雖强. 不浸人國. 風俗淳厚. 行者讓路. 食者推飯. 男女異處而不同席. 可謂東方禮儀之君子國也. 是故. 殷太師箕子. 有不臣於周朝之心而避居於東夷地. 吾先夫子. 欲居東夷而不以爲陋. 吾友魯仲連. 亦有欲踏東海之地. 余亦有欲居東夷地意. 往年. 賦觀東夷使節之入國. 其儀容. 若有大國人之矜度也. 東夷. 蓋自千有餘年以來. 與吾中華. 相有友邦之義. 人民互相來居往住者接踵不絶. 吾先夫子. 以東夷不以爲陋者. 其意亦在乎此也. 故余亦有感而記其實情以示後人焉.

魏 安釐王 十年 曲阜 孔斌記 (字 子順)

(註 : 1950. 02. 金斗和, 李華史 國譯, 檀奇古史 附錄)

위 내용을 요약하자면 "동쪽의 옛 나라 한국의 임금은 단군인데 중국의 요임금과 같은 때이다. 한국인 순임금이 중국에서 한국의 가족사상인 윤리와 도덕, 정신문화를 가르쳤고, 황제가 한국의 학자인 자부선인에게 배워서 생활문화를 일으켰고, 한국인 형제인 소련과 대련이 중국에 와서 효도를 실천해 보였다. 단군의 아들 부루(夫婁)가

와서 국경을 정했고, 이윤(李潤)은 한국의 성인 유위자(劉偉子)에게서 배워 은나라의 재상이 되었다.

　한국은 나라가 컸으나 중국을 업신여기지 않았고, 군대가 강했으나 중국을 침략하지 않았다. 풍속이 아름답고 인정이 많아 사람들이 길을 양보하며, 경제는 서로 배려하여 밥을 미루며 남자와 여자는 서로의 위치를 지키며 섞이지 않으니 이 나라야말로 동쪽에 있는 예절의 나라요 군자의 나라가 아니겠는가. 그래서 나의 할아버지 공자께서 '한국에 가서 살고 싶다.' '누추하지 않다.'고 말씀하셨다."고 한 것이다.

제2절 동이열전(東夷列傳)의 뿌리

'동의열전'은 중국 유학의 경전(儒學 經典)에 있는 말들을 종합한 것으로 순수한 창작이 아닙니다.

* 중국 고전 왕들의 사적을 적은 '서전'의 순전(書傳 舜典)에, '순임금께서 말씀하시기를 "설아 백성들이 친하지 못해서 부모 형제들의 위계질서가 문란하고 불손하구나. 너를 교육부 장관을 시키니 아버지는 의롭게 하고(父義), 어머니는 사랑하고(母慈), 형제는 우애하고(兄友), 동생은 공손하고(弟恭), 자녀는 효도하는(子孝) 다섯 가지 가르침을 공경해 펼치고 너그럽게 하라(帝曰 契 百姓不親 五品不遜 汝作司徒 敬敷五敎在寬)"고 하셨다고 했다.

* 동양의 성인 맹자의 말과 행적을 적은 맹자 등문공장(孟子 滕文公章)에 보면 맹자께서 말씀하시기를 "성인께서 근심이 있으시어 설을 교육부 장관을 삼아 일륜을 가르치니 부자유친이며, 군신유의이며, 부부유별이며, 장유유서이며, 붕우유신(孟子曰 聖人有憂之 使契司徒 以人倫 父子有親 君臣有義 夫婦有別 長幼有序 朋友有信)"이라고 하셨다고 했다.

* 중국에서 윤리와 도덕을 가르치는 '소학'의 계고 명륜장(小學 稽古 明倫章)에 보면 공자(孔子)의 말씀으로 "소련과 대련이 부모의 상을 잘 치러 사흘을 지극히 애통했으며, 석 달을 게을리하지 않았으며, 한 해를 슬퍼했으며, 삼 년을 근심했으니 이를 동이인(東夷人 韓民族)의 아들이(小連大連 善居喪 三日不怠 三月不解 期悲哀 三年憂 東夷之子也)"이라고 했다.

이상의 근거를 보면 동의열전의 기록은 권위 있는 고전인 유교 경전에 의한 것임을 알 수 있다.

제3절 동이(東夷)는 한국이고
       이(夷)는 군자(君子)가 사는 곳

　동이의 이(夷)라는 글자의 뜻은, 서기 100년경 동한(東漢)의 허신(許慎)이 지은 한자의 형태, 의미, 음을 체계적으로 해설한 한자 최초의 사전인 '설문해자(說文解字)'에 다음과 같이 설명되어 있다.
　"이(夷)는 평평하다는 뜻이고, 글자의 구성은 대(大)와 궁(弓)으로 되었으며, 동쪽 지방의 사람이다(夷 平也 從大從弓 東方之人也)."라고 하여 -> 동쪽 지방에 사는 사람으로 활을 잘 쏘는 사람이라는 뜻으로 오랑캐라는 말은 없다. 청대(淸代)의 단옥제(段玉裁 1735~1815)가 쓴 설문해자 주(說文解字注)에는 동이(東夷)에 대하여 "남방은 蠻閩(만민, 오랑캐)이라 하여 虫(충·벌레)를 따랐고, 북방은 狄(적·오랑캐)이라 하여 犭(개·犬)를 따랐고, 동방은 貊(맥·단비)이라 하여 발 없는 豸(치·벌레)를 따랐고, 서방은 羌(강, 오랑캐)이라 하여 羊(양)을 따라 그 지닌 성품에 따랐는데(南方蠻從 北

方狄 從犬 東方 從 西方羌 從羊 有順理之性) 오직 東夷(동이, 한국인)는 대(大)를 따랐으니 그것은 大人(대인 君子)이고 이(夷)의 풍속은 어질고 어진 사람은 오래 살아서 군자가 있는 죽지 않는 나라이다(惟東夷 從大 大人也 夷俗仁 仁者壽 有君子不死之國)."고 했다.

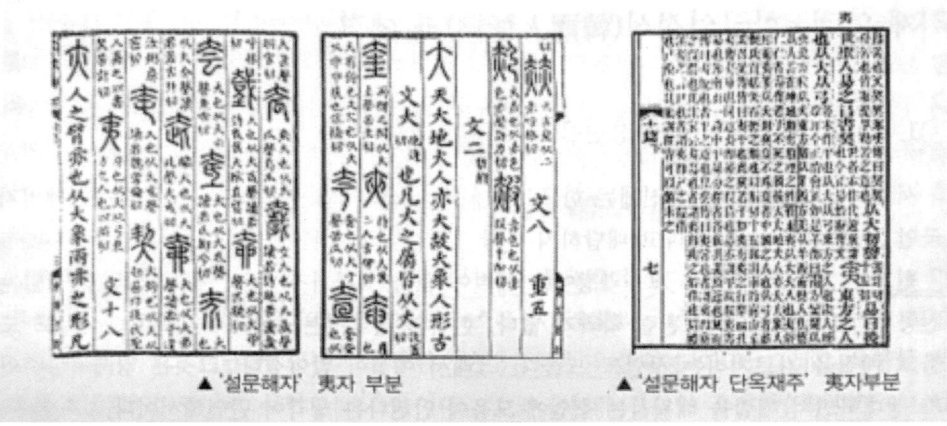

▲ '설문해자' 夷자 부분　　　　▲ '설문해자 단옥재주' 夷자부분

　그러므로 이(夷)는 오랑캐가 아니라 동쪽 사람(東方人), 평평하다(平), 온화하다, 평안하다, 어질다(仁), 기뻐하다, 크다, 평정하다, 떳떳하다, 명백하다(明)는 뜻의 글자이다. '오랑캐'라는 말은 잘못된 표현이며 스스로 자기를 낮추는 지나친 결과이다.

　'설문통훈정성(說文通訓定聲)'을 보면 "동방(東方)의 사람이다. 대(大)와 궁(弓)으로 되었는데 이(夷)를 이(尸)로 쓰는바 옛글자 인(仁)과 같다(東方之人也 從大從弓 弓字亦作尸 與古文仁同)"고 했다. '夷'는 군자이며 夷의 풍속은 어질기 때문에 대인이라는 大자와 弓을 합한 夷로도 쓰지만 어질다는 仁으로 한국인을 가리키는 글자로 썼던 것이다.

다음은 공자의 말씀과 행적을 적은 '논어(論語)'의 공야장(公冶長) 편과 자한(子罕) 편을 살펴보겠다.

 * 공자께서 말씀하시기를 "도가 행해지지 않는구나. 뗏목을 타고 바다를 뜰 것이니 나를 따를 자는 자로(子路)일 것이다(子曰 道不行 乘 浮於海 從我者 其由與)".라고 했다.

 * '공자께서 구이(九夷한국)에 살고 싶어 하시니 어떤 이가 여쭙기를 "더러울 텐데 어찌하시렵니까?"라고 하니 공자께서 말씀하시기를 "군자가 사는 곳에 어찌 더러움이 있으리요"라고 하셨다(子 欲居九夷 或曰 陋 如之何 子曰 君子居之 何陋之有).' 이미 한국은 군자가 사는 나라니까 더럽지 않다는 말이다.

중국의 모든 역사책에 한국의 역사를 얘기할 때 '동이전(東夷傳)'이라고 하고, 중국의 사서(史書)인 '통감(通鑑)'의 당기 태종조(唐記 太宗條)에는 "고려는 동이이다(高麗 東夷也)"라고 했고, 문서심원 12편(文書尋源十二篇)에는 "동이는 조선인데 기자를 봉한 땅이고 지금의 고려가 이것이다(東夷 朝鮮 箕子所封之地 今之高麗 是也)."고 했다. 위에서 말한 '고려(高麗)'는 '고구려(高句麗)'이다.

그러므로 한국은 예절의 나라이고 이(夷)는 오랑캐가 아님이 분명한 것이다.

제4절   한국인의 정신(精神)과 인성

　요즘 우리나라는 예절을 배우려는 사람도 드물고 예절을 가르치려는 사람도 줄어들고 있다. 그러나 우리는 한국인이고 더불어 사는 사회에서 살아가고 있다. 세상이 아무리 변해도 사람이 존재하는 데는 필수적으로 '우리'라는 정신 의식(意識)이 요구된다. '우리'를 한자로 쓸 때는 사람(人)이 둘(二)이라고 구성된 인(仁)이라 쓴다. 즉 한국인 정신은 '우리(仁)'라는 것이다. 한국인을 제외한 다른 민족은 '나의 것'이라고 일인격(一人格)을 사용하나 우리 한민족은 '우리의 것'이라 표현한다.

　예절은 실천해야 한다. 예절을 실천해야 사욕을 억제할 수 있다. 중국의 성인 맹자(孟子)의 공손축장(公孫丑章)에 나오는 사단설(四端說)를 보면 다음과 같다.
　'남을 측은해 하는 마음이 없으면 사람이 아니며, 부끄러워하는 마음이 없으면 사람이 아니며, 사양하는 마음이 없으면 사람이 아니며, 잘잘못을 가리는 마음이 없으면 사람이 아니다(無惻隱之心 非人也 無羞惡之心 非人也 無辭讓之心 非人也 無是非之心

非人也). 측은해 하는 마음은 인(仁, 우리)의 시작이고, 부끄러워하는 마음은 의(義)의 시작이고, 사양하는 마음은 예절(禮)의 시작이고, 잘잘못을 가리키는 마음은 지혜(智)의 시작이다(惻隱之心 仁之端也 羞惡之心 義之端也 辭讓之心 義之端也 是非之心 知之端也).' 그러므로 사단설(四端說)의 '예절의 시작은 사양하는 마음'이라고 한 것은, 욕심과 사욕을 억제하는 것으로 한국인의 정신인 '우리'인 것이다.

'우리(仁)'가 되려면 남을 사랑해야 한다.
남을 사랑하려면, 사욕 이기심(利己心)을 버려야 한다.
이기심을 버리려면 예절을 실천해야 한다.

제5절 한국 예학자(禮學者)와 예서(禮書)

1. 고대(古代)의 예서

① '삼국유사(三國遺事)' 기이(紀異)편
② '서경' 순전(書經 舜典)
③ '맹자' 등문공장(孟子 文公章)
④ '맹자' 이루장(孟子 離婁章)
⑤ '논어' 자한편(論語 子罕篇)
⑥ '동이열전'(東夷列傳)
⑦ '소학' 명륜장(小學 明倫章)

2. 조선의 예학자와 예서

① 최윤의(崔允儀 1102~1162) : 상정고금예문(詳定古今禮文)

② 권근(權近 1352~1409) : 예기천견록(禮記淺見錄)

③ 조선정부 : 국조의례의(國朝五禮儀) 경국대전(經國大典)

④ 정구(鄭逑 1543~1620) : 오선생예설분류(五先生禮說分類)

⑤ 김장생(金長生 1548~1631) : 상례비요(喪禮備要) 가례집람(家禮輯覽)
　　　　　　　　　　　　　　 의례문해(疑禮問解)

⑥ 김집(金集 1574~1656) : 의례문해속(疑禮問解續)

⑦ 유계(兪棨 1607~1664) : 가례원류(家禮源流)

⑧ 박세채(朴世采 1632~1695) : 남계선생예설(南溪先生禮說)

⑨ 이재(李縡 1680~1746) : 사례편람(四禮便覽)

⑩ 이의조(李宜朝 1727~1805) : 가례증해(家禮增解)

제6절   예절을 실천하는 요령

1. 예절은 약속해 놓은 생활방식이다.

　예절은 약속이다. 혼자 산다면 예를 지키지 않고 편하게 살아도 되겠지만 남과 어울려 살려면 예절이 필요하다. 더불어 살아가려면 생활방식이 같아야 편리하고 생활방식이 같으려면 약속을 해 놓아야 할 것이다. 그렇게 서로 약속해 놓은 생활방식이 예절이다. 다시 말해서 예절은 일정한 여건하의 생활권에서 가장 합리적이고 가장 편리한 생활방식인 것이다.

2. 예절의 목적(目的)

　예절의 목적은 원만한 자기관리(自己管理)와 대인관계(對人關係)를 형성하기 위함이다. 대인관계란 사람과 사람의 관계로서 자기가 먼저 상대방을 배려해야 한다. 스스로 배려하고자 하는 자기 노력을 우리는 자기관리라고 한다. 자기관리와 대인관계를 원만히 하려면 예절을 바르게 알고 바르게 실천해야 한다.

3. 예절의 실제(實際)와 격식(格式)

1) 예절의 실제는 의사(意思)이다(마음속의 생각).
2) 의사소통(意思疏通)은 격식이다.
   ① 말로 하는 의사소통(言語禮節)
      일정한 생활권에서 약속해 놓은 어휘와 어법은 말의 격식이고, 말의 격식이 바로 언어예절이다. 의사소통을 위해서는 격식에 맞는 말을 해야 한다.
   ② 행동으로 하는 의사소통(行動禮節)
      약속해 놓은 행동 방식은 행동의 격식이고 곧 행동예절이다. 행동으로 의사소통을 하려면 행동의 격식을 알아야 한다.
3) 의사 격식의 중요성
   예절은, 우리가 서로 약속해 놓은 생활 방식이다.
   언어 예절은, 우리가 서로 약속해 놓은 어휘와 어법이다.
   행동 예절은, 우리가 서로 약속해 놓은 행동 방식이다.

그러므로 예절은, 서로 약속해 놓은 것을 지키는 것이고, 약속을 지키려면 약속의 내용을 먼저 알아야 하고, 그 약속의 내용을 배우는 것이다. 예절공부란 약속의 내용과 격식을 배우는 것이다.

4. 참 예절

스스로 사람다워지려는 자기관리를 수기(修己)라 하고, 남과 어울려 함께 사는 대인관계를 치인(治人)이라고 한다. 자기관리는 홀로 있을 때도 삼가하는 신독(愼獨)이고, 대인관계는 남을 편안하게 하는 안인(安人)이다. 참 예절은 안에 있는 마음과 밖으로 나타나는 말과 행동이 일치하는 것을 말한다.

5. 예절의 분류(分類)

1) 행위에 의한 분류
① 혼자 하는 예절 : 자기관리를 잘하여 스스로 사람다워지려는 예절이다.
② 남에게 하는 예절 : 남과 함께 대인관계를 영위하는 의사소통 예절이다.
③ 함께하는 예절 : 조직생활단체생활공중도덕과 같은 예절이다.

2) 적용 범위 분류
① 기본예절 : 모든 분야에 통용되는 공통예절이다.
② 개인예절, 가정예절, 학교예절, 직장예절, 사회예절, 국제예절 등이 있다.
③ 공통례(共通禮), 가정의례(家庭儀禮)[작명례(作名禮), 성년례(成年禮), 혼인례(婚姻禮), 수연례(壽筵禮), 상장례(喪葬禮), 제의례(祭儀禮)], 사회의례(社會儀禮), 국민의례(國民儀禮), 국제의전(國際儀典) 등이 있다.

제2장
공통예절(共通禮節)

제1절 사람의 기본윤리(基本倫理)

1. 공통예절(共通禮節)의 의미

　실천예절은 크게 생활예절과 의식예절로 나눈다. 공통예절은 생활예절(生活禮節)과 의식예절(儀式禮節)의 모든 분야에 공통적으로 활용되는 예절을 말한다. 그러므로 모든 예절의 실천에는 가장 기본이 되는 예절이 바로 공통예절이다.

2. 기본질서(基本秩序)

　부모는 자식을 사랑하고(父慈), 자식은 부모에게 효도하며(子孝), 형은 아우와 우애하고(友愛) 아우는 형에게 공순(恭順)하는 것은 모든 질서의 기본이 된다. 그러므로 효도는 백가지 행실의 근본이 된다.

제2절   공손한 자세와 공수(拱手)

1. 공수(拱手)

공수는 두 손을 앞으로 모아 잡는 것을 말한다. 공손한 자세는 상대방에게 공손한 인상을 가질 수 있도록 하고, 자신도 편안한 자세가 되어야 한다.

2. 공수하는 방법

1) 평상시의 공수법

평상시 남자는 왼손이 위로 가고, 여자는 오른손이 위로하여 앞으로 모아 잡는다.

여자, 평상시 공수

남자, 평상시 공수

2) 흉사시(凶事時) 공수법

흉사란 사람이 죽은 날부터 약 백일 간을 말한다. 흉사시의 공수는 평상시와 반대로 남자는 오른손을 위로하고, 여자는 왼손을 위로 한다. 상가의 가족이나 손님, 영결식장, 상을 당한 사람에게 인사를 할 때는 흉사시의 공수를 한다.

상가에서 지내는 초우재우삼우까지의 제사는 흉사(凶事)에 속해 흉사의 공수를 하지만, 졸곡(卒哭)부터의 제례는 흉사가 아니고 길사(吉祀)이므로 평상시의 공수, 즉 남자는 왼손이 위이고 여자는 오른손이 위가 되는 공수를 한다.

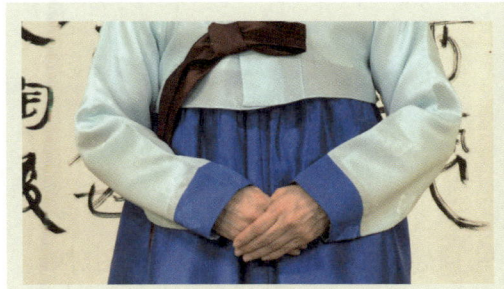

여자, 흉사 시 공수

남자, 흉사 시 공수

3) 남좌여우(男左女右)의 이유

공수에 있어서 남자와 여자의 손 모양이 다른 것은 양(陽)과 음(陰)의 이치를 나타내는 것이다.

　　태양광선은 생명의 원천(源泉)이기 때문에 생명이 있는 것은 태양광선을 가장 잘 받는 남쪽을 향하는 것이 정칙이다.

- 남쪽을 향하면 왼편이 동쪽이고 오른편이 서쪽이다.
- 동쪽은 해가 뜨니까 양(陽)이고, 서쪽은 해가 지니까 음(陰)이다.
- 남자는 양(陽)이니까 남자의 방위는 동쪽으로 남자는 좌(男左)이고, 여자는 음(陰)이니 여자의 방위는 서쪽으로 여자는 우(女右)이다.
- 남좌여우(男左女右)란 남자는 동쪽, 여자는 서쪽이라는 말이다(男東女西).

K-생활예절

제3절   읍례(揖禮)와 굴신례(屈身禮)

1. 읍례(揖禮)의 의미

읍례는 장소나 기타 사정으로 절을 해야 할 대상에게 절을 할 수 없을 때, 간단하게 공경을 나타내는 동작이다. 그러므로 읍례는 간단한 예의 표시일 뿐 절은 아니다. 따라서 어른을 밖에서 뵙고 읍례를 했더라도 절을 할 수 있는 장소에 들어와서는 절을 해야 한다.

2. 읍례의 종류

1) 상읍례(上揖禮) : 자기가 읍례를 했을 때, 답례를 하지 않아도 되는 높은 어른 또는 의식행사에서 한다.
2) 중읍례(中揖禮) : 자기가 읍례를 했을 때, 답례를 해야 하는 어른 또는 같은 또래끼리 한다.
3) 하읍례(下揖禮) : 어른이 아랫사람의 읍례에 답례할 때 한다.
4) 굴신례(屈身禮) : 여자가 하는 굴신례는 절의 구분에 상관없이 허리를 앞으로 30도 정도 숙였다가 일으킨다.

< 사계전서 24권 - 가례집람도설 원문 이미지 >

3. 남자 읍례의 방법

1) 공수하고 대상을 향해 두 발을 편한 자세로 벌리고 서서 고개를 숙여 자기의 발끝을 본다.
2) 공수한 손이 무릎에 이르도록 허리를 굽히고, 손바닥은 무릎을 향하도록 한다.
3) 허리를 세우며 공수한 손을 밖으로 원을 그리면서 팔뚝이 수평이 되게 한다.
   이 때 손바닥은 아래를 향해야 한다.
4) 상읍례(上揖禮) : 공수한 손을 무릎까지 내렸다가 눈 높이로 끌어올린다.
   중읍례(中揖禮) : 공수한 손을 입 높이로 끌어올린다.
   하읍례(下揖禮) : 공수한 손을 가슴 높이로 끌어올린다.
5) 공수한 손을 원위치로 내린다.

3. 여자 굴신례(屈身禮)의 방법

1) 굴신례를 해야 할 대상을 향해 공수한 자세로 선다. 시선을 상대의 발 부분에 둔다.
2) 허리를 30도 정도 굽힌다.
3) 잠시 머물다가 허리를 펴고 윗몸을 반듯하게 세운다.

제4절   배례법(拜禮法)

1. 절의 의미

절이란, 나의 몸을 공경(恭敬)의 대상에게 행동으로써 보여주는 예절이다. 우리나라의 절은 사계 김장생 선생의 『가례집람(家禮輯覽)』에 그림으로 제시되어 있다.

2. 절의 대상(對象)

1) 큰절   남자는 계수배(稽首拜), 여자는 숙배(肅拜)라고 한다.
 자기가 절을 하면 답배(答拜)를 하지 않아도 되는 높은 어른 또는 의식행사에서 한다 (직계존속, 의식행사).
 남자는 돈수배(頓首拜), 여자는 평배(平拜)이다.

2) 평절   자기가 절을 하면 답배 또는 평절로 맞절을 해야 하는 윗어른이나 같은 또래사이에 한다. (선생님, 연장자, 배우자, 형님, 시누이, 올케, 제수, 친구 사이)

3) 반절   남자는 공수배(控首拜), 여자는 반배(半拜)이다.
 윗어른이 아랫사람의 절에 대해 답배할 때 하는 절이다.
 (제자, 친구의 자녀나 자녀의 친구, 10년 이내의 남녀 동생)

3. 절하는 요령

1) 기본횟수

남자는 양(陽)이기 때문에 최소 양수인 한 번, 여자는 음(陰)이기 때문에 최소 음수인 두 번으로 한다.

2) 생사의 구별

산 사람에게는 기본 횟수만 하고, 의식행사와 죽은 사람에게는 기본 횟수의 배를 한다.

3) 절의 재량과 절하는 시기

절의 종류와 횟수는 절을 받을 어른이 시키는대로 변경하거나 줄일 수 있다. 절을 할 수 있는 장소에서 절할 대상을 만나면 지체없이 절을 한다. '앉으세요', '절 받으세요'라고 말하는 것은, 절을 받으실 어른에게 명령하는 것이므로 실례이다.

4) 맞절의 요령

맞절은 아랫사람이 먼저 시작하여 늦게 일어나고, 윗어른은 늦게 시작하여 먼저 일어난다.

5) 답배의 요령

윗어른은, 아랫사람이 절을 시작하는 것을 보고 시작하여 아랫사람이 일어나기 전에 끝낸다.

제5절   남자의 절

1. 남자 큰절, 계수배(稽首拜)

1) 공수하고 대상을 향해 선다.
2) 허리를 굽혀 공수한 손을 바닥에 짚는다. 손은 벌리지 않는다.
3) 왼쪽 무릎을 먼저 꿇는다.
4) 오른쪽 무릎을 왼쪽 무릎과 가지런히 꿇는다.
5) 왼발등과 오른발등을 바닥에 붙이고 엉덩이를 깊이 내려앉는다.
6) 팔꿈치를 바닥에 붙이며 이마를 공수한 손등에 댄다(차양 있는 갓, 또는 모자를 썼을 때는 차양이 손등에 닿게 한다. 이때 엉덩이가 들리면 안 된다).
7) 잠시 머물러 있다가 머리를 들며 팔꿈치를 바닥에서 뗀다.
8) 오른쪽 무릎을 먼저 세운다.
9) 공수한 손을 바닥에서 떼어 세운 오른쪽 무릎 위에 얹는다.
10) 오른발에 힘주어 일어나서 왼발을 오른쪽 발과 가지런히 모은다.

1. 남자 큰절 기본자세

2. 두 손을 바닥에 댄다.

3. 먼저 왼 무릎 꿇는다.

4. 오른 무릎도 꿇는다.

5. 엉덩이를 발뒤꿈치로 내린다.

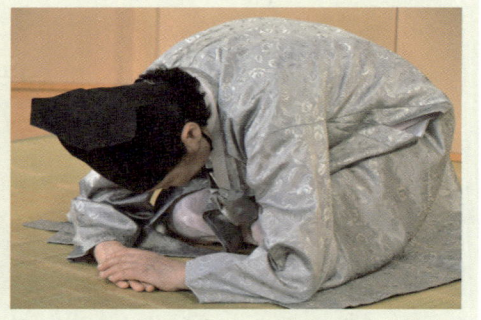

6. 손 등에 엎드리고 잠시 머문다.

7. 상체를 일으킨다.

8. 오른 무릎을 먼저 세운다.

9. 공수한 손을 무릎 위를 짚는다.

10. 허리를 펴고 일어선다.

2. 남자 평절, 돈수배(頓首拜)

　큰절과 같은 동작으로 한다. 다만 큰절의 엎드리기 동작에서 이마가 손 등에 닿으면 잠시 머물다 상체를 일으키며 일어난다. 큰절 계수배는 머무는 시간이 좀 길지만 평절 돈수배는 머무는 시간이 좀 짧은 절이다.

3. 남자 반절, 공수배(拱首拜)

공수한 손을 바닥에 대고 왼쪽 무릎과 오른쪽 무릎을 가지런히 꿇은 뒤, 무릎 꿇은 자세에서 엉덩이와 머리가 수평이 되게 엎드렸다가 일어나는 절이다. 반절은 윗어른이 아랫사람의 절에 답배하는 절이기 때문에 아랫사람이 허리를 굽히는 것을 보고 시작하여 먼저 일어나야 한다. (상갓집에서는 조문객과 상주가 하는 절이다)

왼무릎 꿇고, 오른무릎을 꿇는다.

머리와 등을 수평으로 멈췄다 일어난다.

4. 임금에게 하는 고두배(叩頭拜)

고두배는 옛날에 궁중의 공식적인 의식행사에서 신하들이 임금에게 하는 절이다. 예서에 신하가 임금에게 하는 절은 일궤삼고두(一跪三叩頭)라 하여 한번 꿇어앉아 3번을 이마로 바닥을 두드리는 절이다. 지금은 임금이 없으니까 절할 때 두 손을 바닥에 벌리는 고두배는 하지 않아야 한다.

제6절   여자의 절

1. 여자 큰절, 숙배(肅拜)

1) 절을 할 대상을 향해 공수한 손을 어깨높이로 올린다.
2) 고개를 5도 정도 숙여 이마를 공수한 손등 가까이 붙인다.
3) 왼쪽 무릎을 먼저 꿇는다.
4) 오른쪽 무릎을 왼쪽 무릎과 가지런히 꿇는다.
5) 엉덩이를 내려 깊이 앉는다.
6) 윗몸을 반쯤(45도) 앞으로 굽힌다.
7) 잠시 머물러 있다가 윗몸을 일으킨다.
8) 오른쪽 무릎을 먼저 세우고, 왼쪽 무릎을 세운다.
9) 몸을 일으킨다.
10) 수평으로 올렸던 공수한 손을 원위치로 내린다.

1. 공수한 손을 올린다.

2. 이마를 숙여 손등 가까이 댄다.

3. 왼쪽 무릎을 먼저 꿇는다.

4. 오른쪽 무릎을 꿇는다.

5. 발등 깊이 앉는다.

6. 상체를 반쯤 숙인다.

7. 상체를 반듯이 세운다.

8. 오른무릎 세우고 왼무릎을 세운다.

9. 몸을 일으키고 바로 선다.

10. 굴신례 한다.

K-생활예절

2. 여자 평절, 평배(平拜)

1) 공수한 손을 풀어 양옆으로 자연스럽게 내린다.
2) 왼쪽 무릎을 먼저 꿇는다.
3) 오른쪽 무릎을 왼 무릎과 가지런히 꿇는다.
4) 엉덩이를 내려 깊이 앉는다.
5) 손가락을 붙여 손끝이 무릎의 양옆 밖을 향하게 가지런히 바닥에 댄다.
6) 윗몸을 반쯤(30도) 앞으로 굽힌다.
7) 잠시 머물러 있다가 윗몸을 일으키며 두 손바닥을 바닥에서 뗀다.
8) 오른쪽 무릎을 먼저 세우며 손끝을 바닥에서 뗀다.
9) 일어나면서 왼발을 오른발과 가지런히 모은다.
10) 공수하고 원자세를 취한다. 굴신례 한다.
11) 이 모두는 물 흐르듯 자연스럽게 이어지도록 한다.

1. 여자 평절, 공수를 푼다.

2. 왼 무릎을 먼저 꿇는다.

3. 오른 무릎을 꿇는다.

4. 엉덩이를 발뒤꿈치로 깊이 앉는다.

5. 손바닥을 바닥에 댄다.

6. 몸을 반쯤 굽힌다.

K-생활예절

7. 몸을 일으킨다.

8. 오른 무릎을 세운다.

9. 일어나면서 공수한다.

10. 굴신례 한다

3. 여자 반절, 반배(半拜)

여자의 반절은 평절을 약식으로 하되 무릎은 꿇지 않는다.

제7절   경례(敬禮)의 의미와 종류

1. 경례의 의미

경례는 섬살이 입식생활(立式生活)에서 절 대신 하는 공경의 표시이다.

우리나라에서는 경례를 하지 않았는데 개화기 이후에 양복을 입으면서 서양의 경례를 하게 되었다.

2. 경례의 종류

1) 의식경례(儀式敬禮)   2) 큰경례   3) 평경례   4) 반경례   5) 목례(目禮)

6) 거수경례(擧手敬禮)   7) 맹세(盟誓)의 경례

제8절 악수(握手) 예절

1. 악수하는 요령

악수는 반가운 인사의 표시로 행하기 때문에 절의 일종으로 간주할 수 있다.

1) 악수는 오른손을 올려 엄지손가락을 교차해 서로 손바닥을 맞대어 잡았다가 놓는 것이다. 가볍게 아래 위로 두세 번 흔들어 깊은 정을 표시하기도 한다. 상대가 아픔을 느낄 정도로 힘을 주거나 몸이 흔들릴 정도로 지나치게 흔들어도 안 된다.
2) 악수는 윗어른이 먼저 청하고 아랫사람이 응한다.
3) 같은 또래의 이성간에는 여자가 먼저 청해야 남자가 응한다.
4) 아랫사람이 윗사람과 악수할 때는 윗몸을 약간 굽혀 경위를 표할 수 있다.
5) 윗사람이 아랫사람과 악수할 때, 왼손으로 오른손을 덮어 쥐거나 도닥거려 깊은 정이나 사랑을 나타내기도 한다.

제9절 국민의례(國民儀禮)

1. 국민의례의 목적

1) 국가위상의 제고(國家位相의 提高)
   국민들이 자기 나라의 격(格)을 드높이고 스스로 자기나라에 대한 자긍심을 북돋는다.

2) 애국심의 진작(愛國心振作)
   나라를 사랑하는 마음을 부추겨서 크게 일으켜 세운다.

3) 국민의 결속(國民結束)
   국민 전체의 정신을 하나로 묶어 굳건하게 나라와 국민이 일체가 되게 한다.

2. 태극기(太極旗)의 의미

태극기는 흰색 바탕 가운데에 홍색과 청색으로 그린 태극 문양과 네 모서리의 건곤감리(乾坤坎離)의 4괘(四卦)를 흑색으로 그리고 금색 깃봉은 무궁화 봉우리 모양으로 구성되었다.

* 태극기(太極旗)의 의미

1) 흰색의 기폭(□)
   : 평화의 정신
2) 태극의 원(○)
   : 단일 · 통일의 정신
3) 양(陽, 햇볕, 빨강)과 음(陰, 그늘, 파랑)의 태극 문양(☯)
   : 창조 · 무궁 · 조화의 정신
4) 건(乾, ☰ 하늘) · 곤(坤, 땅) · 감(坎, 물) · 리(離, 불)
   : 삼라만상의 모든 것, 형평의 정신을 상징함.

3. 국기(國旗)에 대한 맹세

국기를 계양강하하거나 각종 의식에서 '국기에 대한 경례'를 할 때는 다음과 같은 '국기에 대한 맹세'를 한다.

"나는 자랑스러운 태극기 앞에
자유롭고 정의로운 대한민국의 무궁한 영광을 위하여
충성을 다할 것을 굳게 다짐합니다."

맹세의 방법은 개별적으로 국기를 대할 때는 각자가 마음속으로 엄숙경건하게 맹세하고, 일정한 의식행사에서는 대표 또는 지정된 사람이 참석자 모두가 알아듣도록 큰소리로 낭송한다.

4. 국기 게양 방법

1) 경축일과 평상시에는 깃봉과 깃 면의 사이를 띄우지 않고 붙인다.
2) 조의를 표하는 현충일, 국장기간, 국민장 등의 날에는 깃봉과 깃 면의 사이를 깃 면의 너비만큼 띄운다.
3) 국기를 현수할 때는 아랫부분의 흰 면을 필요한 만큼 길게 제작할 수 있다.

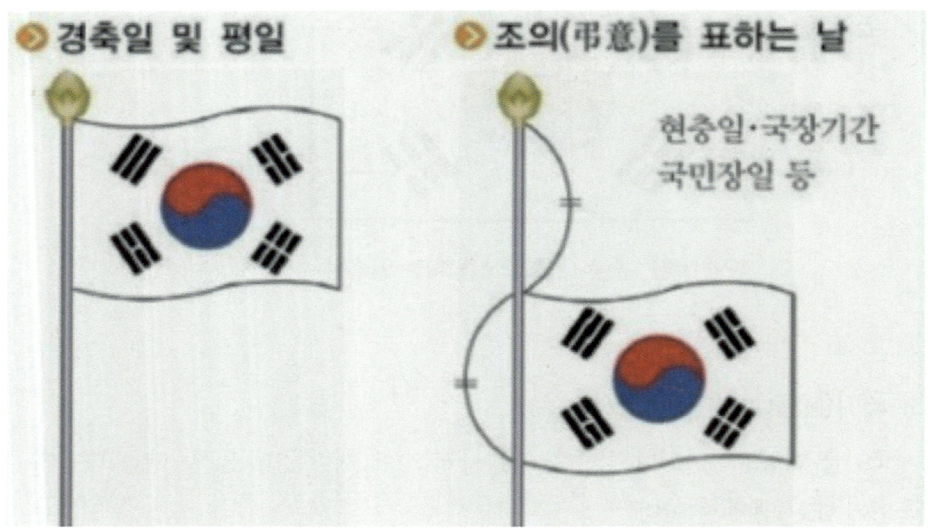

제10절 애국가(愛國歌)

1. 애국가의 뜻

　　우리나라의 애국가는 1900년 초 기울어지는 국운을 일으켜 자주독립하려는 슬기와 지각이 국민의 여망과 함께 함축되어 있다. 조상들의 숭고한 얼과 국가의 번영과 민족의 영원성이 담겨 있다.

　제1절 : 우리나라의 영원한 발전을 기원하고 있다.
　제2절 : 나라를 지켜 온 조상들의 기개를 나타내고 있다.
　제3절 : 나라를 위하는 충성을 다짐하고 있다.
　제4절 : 애국 애족의 결의와 기상을 드러내고 있다.
　후 렴 : 국토에 대한 사랑과 주체정신을 드높이며 무궁한 영원성을 기원하고 있다.

2. 만세삼창(萬歲三唱)

1) 만세삼창의 의의

만세삼창은 "대한민국 만세"를 세 번 크게 외치는 것으로 '만세'란 무궁하게 영원하라는 기원으로 대한민국의 무궁한 번영과 영원한 발전을 의미한다.

2) 만세삼창의 방법

만세삼창은 해당 의식행사가 끝나는 마지막에 대표자의 선창(先唱)으로 참석자 모두가 두 손을 벌려 머리 위로 높이 들면서 **"대한민국 만세"**라고 외친다. 같은 동작을 세 번 반복함으로써 만세삼창이 끝난다.

3. 국화(國花), 무궁화(無窮花)

① 서기전 1,100년 경에 시작된 중국의 주(周)와 진(晋)의 지리책 '산해경(山海經)' 이나 진(晋)의 '고금주(古今注)'에 우리나라를 '무궁화의 고장'이라는 뜻으로 근화 향근역(槿花鄕槿域)이라 기록하고 있다.

② 과거에 장원급제하면 임금이 내리는 어사화(御賜花)를 머리에 꽂고 풍악을 앞세우고 3일간 시가를 도는 삼일유가(三日遊街)를 하는 자랑스런 어사화가 바로 무궁화꽃이었고, 임금의 잔칫상에 꽂는 진찬화(進饌花)가 바로 무궁화였다.

③ 애국가 가사에 "무궁화 삼천리 화려강산"이라고 노래하였는데 이것이 자연스럽게 우리나라의 국화가 되었다. 그러나 현재 무궁화를 국화로 한다는 법령이나 규칙은 없다.

4. 대통령과 그 가족에 대한 칭호(稱號)

① 대통령 : 대통령의 칭호는 반드시 '대통령'을 붙이고, '님'을 받친다.

② 대통령의 부인 : '대통령 부인' 또는 '대통령 부인 ○○○여사'라 한다. 영부인(令夫人)이 아니다. 그러나 대통령과 그 부인이 동반할 때는 동위격(同位格)으로 예우한다.

③ 대통령의 아들 : 기미혼 모두 '대통령의 몇남 ○○○씨(군)'라 한다.

④ 대통령의 딸 : 미혼일 경우 '대통령의 몇 녀 ○○○양'이라 한다.

⑤ 대통령의 서열 : 우리나라에서는 어떤 의식행사에서든지 대통령이 최상위자가 된다. 따라서 좌석을 배치할 때도 대통령을 최 상좌에 위치하게 한다.

제3장
생활예절(生活禮節)

제1절 언어(言語) 예절

예절은 내 마음을 표현하는 것이고 그 마음을 상대편에게 전달하는 도구가 말이다. 말은 의미가 담긴 소리이기 때문에 자기가 전달하고자 하는 뜻을 제대로 전달하지 못하는 말은 바른말이라고 할 수 없다. 어떤 말에 의미를 담을 것인지 또는 어떻게 표현하는 것이 상대방을 바르게 이해시킬 수 있을 것인지를 정해놓은 것이 언어 예절이다.

1. 말의 맵시

같은 말이라도 상대편이 이해할 수 있고 듣기 편하며 즐겁게 해야 한다.
① 상대편이 알아들을 수 있는 말로 한다.
② 표준말을 사용한다.
③ 외래어나 전문용어는 가능하면 사용하지 않는다.
④ 같은 말이라도 고운 말을 사용한다.
⑤ 감정을 편안하게 갖고 표정을 온화하게 한다.
⑥ 너무 작거나 크게 하지 않고, 조용하면서도 알아듣기 좋게 한다.
⑦ 발음을 정확하게 하고, 상대편이 잘 들을 수 있도록 한다.

2. 말을 하는 예절

① 대화 상대에 따라 말씨를 결정한다.

② 감정을 평온하게 갖고 표정을 부드럽게 한다.

③ 자세를 바르게 하여 공손하고 성실하게 한다.

④ 대화 장소와 상대의 성격, 수준을 고려하여 화제를 고른다.

⑤ 조용한 어조, 분명한 발음, 맑고 밝은 음성, 적당한 속도로 말한다.

⑥ 듣는 사람의 표정과 눈을 주시하며 반응을 살핀다.

⑦ 상대가 질문하면 자상하게 설명하고, 의견을 말하면 성의있게 듣는다.

⑧ 표정과 눈으로도 말하는 진지함이 있어야 한다.

⑨ 남의 이야기 중에 끼어들지 않는다.

⑩ 화제가 이어지도록 간결하게 요점을 말하고 중언부언하지 않는다.

3. 말을 듣는 예절

① 말은 귀로 듣지만, 표정·눈빛·몸으로도 듣는다.

② 바르고 공손한 자세로 듣는다.

③ 상대가 알아차리도록 은근하면서도 확실한 반응을 보인다.

④ 말을 막으면서 끼어들지 말고, 의문이 있을 땐 말이 끝난 뒤에 묻는다.

⑤ 질문하거나 다른 의견을 말할 때는 정중하게 말한 사람의 양해를 구한다.

⑥ 몸을 흔들거나 손이나 발로 장난을 치지 않는다.

⑦ 말을 듣는 중에 의문이 나는 것은 메모한다.

⑧ 대화 중에 자리를 뜰 때는 양해를 구한다.

제2절　고전의 구사·구용(九思九容)

1. 구사(九思)

　'구사'란 [아홉 가지 생각할 일]이란 뜻으로 공자(孔子)의 말과 행적을 적어 놓은 고전인 논어(論語)의 계씨편(季氏篇)에 **"공자께서 '군자에게는 아홉 가지 생각할 일이 있다'고 말씀하셨다"** 하였다. 또 소학(小學)에는 사람의 행실을 가르치는데 마음가짐의 요지를 제시했으며, 우리나라의 율곡 이이(栗谷 李珥) 선생은(1578년) 42세 때에 공부하는 요령을 가르치기 위해 저술한 격몽요결 지신장(擊蒙要訣 持身章)에도 구사를 인용하였다.

　① 시사명(視思明) : 눈으로는 밝고 바르게 보아야 한다. 편견을 가지고 밖으로 나타나는 것만을 보지 말고 깊이 있게 보라는 뜻이다.

　② 청사총(聽思聰) : 귀로는 말의 참뜻을 정성껏 들어야 한다. 말이 무엇을 의미하는지 지혜롭게 알아들어야 한다는 뜻이다.

　③ 색사온(色思溫) : 표정은 온화하게 가져야 한다. 고요하고 온화한 표정을 잃지 않아야 한다는 뜻이다.

　④ 모사공(貌思恭) : 몸가짐은 공손하고 겸손한 모습이 되도록 해야 한다.

⑤ 언사충(言思忠) : 말을 할 때는 진실 되게 해야 한다. 여기에서의 충(忠)은 '진실' 또는 '참'을 의미한다.

⑥ 사사경(事思敬) : 일을 할 때는 그 일을 공경스럽게 해야 한다. 어른을 섬기는 데에도 공경스럽게 해야 한다는 뜻이다.

⑦ 의사문(疑思問) : 의문이 나는 것은 물어서 배우고 깨우쳐야 한다. 묻는 부끄러움보다 모르는 부끄러움이 더 큰 것이다.

⑧ 분사난(忿思難) : 화가 나는 일이 있으면 어려운 지경에 이르는 결과가 생기지 않도록 해야 한다는 뜻이다.

⑨ 견득사의(見得思儀) : 이익이 생기면 그것이 정당한 것인지를 생각한다. 재물이나 명예나 지위가 자기에게 돌아오면 이것이 나에게 합당한 것인가, 내가 능히 감당할 수 있는가를 생각해야 한다는 뜻이다.

2. 구용(九容)

우리 조상들은 몸가짐의 기준에 대해 어디에서 찾았는지 살펴보면, 중국의 예절을 정리한 예기(禮記)의 옥조편(玉藻篇)에 **'군자의 모습은 여유가 있고 침착해야 한다(君子之容 舒遲)'**는 내용을 소학(小學)에 인용하여 가르쳤고, 율곡(栗谷) 선생이 저술한 격몽요결(擊蒙要訣)에 **'아홉 가지 모습'**이란 뜻의 구용(九容)을 인용하여 가르쳤다.

① 족용중(足容重) : 걸을 때는 신중하게 하고, 어른의 앞을 지날 때와 어른의 명령으로 일을 할 때는 민첩하게 해야 한다.

② 수용공(手容恭) : 손은 필요없이 움직이지 않으며, 일이 없을 때는 두 손을 모아 공손하게 공수(拱手) 한다.

③ 목용단(目容端) : 눈은 단정하고 곱게 떠서 정면을 본다. 곁눈으로 보거나 치뜨거나 노려보는 것은 옳지 않다.

④ 구용지(口容止) : 말하지 않을 때는 입을 조용히 다문다.
⑤ 성용정(聲容靜) : 말은 조용하게 해야 하고, 시끄럽거나 수선스럽게 하지 않는다.
⑥ 두용직(頭容直) : 머리를 곧고 바르게 하여 의젓하게 한다.
⑦ 기용숙(氣容肅) : 호흡을 고르게 하고 안색을 평온하게 하여 단정한 모습이 되도록 한다.
⑧ 입용덕(立容德) : 서 있는 모습은 바르게 하고, 어디에 기대거나 삐뚤어지게 서 있지 않아야 한다.
⑨ 색용장(色容莊) : 색(色)이란 표정을 말한다. 얼굴 표정은 명랑하고 씩씩하게 갖는다. 여기에서 말하는 장(莊)은 장엄하다고 하는 뜻이다.

제3절 칭호(稱號)와 기거동작(起居動作)

1. 호칭(呼稱)과 지칭(指稱)

호칭이란 어떤 사람을 직접 부르는 말이고, 지칭이란 어떤 사람을 다른 사람에게 가리키는 말인데 이 둘을 합해서 칭호(稱號)라고 한다.

칭호는 언어예절, 대인관계, 사회생활의 가장 중요한 출발점이다. 대인관계에는 의사소통이 중요하고, 의사소통은 말을 하는 사람과 말을 듣는 사람의 관심이 한가지로 집약되어야 한다.

사람을 부르는 대인칭과, 사람이 어디에 있는지 장소를 말하는 거처칭이 있다. 즉 '할아버지' '할머니'라고 하는 것은 대인칭이고, '할아버지' '할머니'께서 거처하는 장소를 가리키는 것은 거처칭이다.

상대를 존중할수록 거처칭을 쓰는 것이 우리나라 칭호의 특징이다. 우리나라 칭호를 보면 가정이나 정치권에서도 의외로 거처칭이 많이 쓰이고 있다. 집안의 높은 남자 어른을 '큰 사랑'이라 한다든가, 높은 안 어른을 '대방 마님'이라 하는 것도 그렇다. 남편을 시댁 가족에게는 '사랑(사랑방)'이라 하고 친정 가족에게는 'O서방'이라고 하는 것이 그것이고, 남편도 아내를 '제 댁(宅)' '안(안사람)'으로 말하는 것이 그것이다.

<칭호의 구성>

상대를 부르는 호칭은 상대의 관심을 나에게로 향하게 하는 것이고, 누구를 가리키는 지칭은 대화상대의 관심을 내가 원하는 곳으로 유도하는 것이다. 그래서 칭호는 중요한 것이다. 그 칭호에서 대인칭과 거처칭의 관계를 이해하지 못하면 우리의 칭호를 이해하기가 어려워진다.

우리나라는 다른 나라와 달라 같은 대상이라도 경우에 따라 여러 가지로 부르거나 말하게 된다. 또 순수한 우리말 칭호와 한자말이 섞여서 쓰이고 있다. 대인관계에서 호칭이나 지칭은 스스로 잘 알아 그 예를 갖추어야 할 것이다.

2. 기거동작(起居動作)

기거란 몸을 움직여 일으키고 움직임을 멈추는 것을 말한다. 예의 바른 사람을 칭찬하려면 "기거가 분명하다"고 했다. 그것은 몸을 일으키고 멈추는 것 즉, 앉을 때와 설 때 예의범절에 어긋남이 없음을 말하는 것이다.

* 기거동작의 기본 원칙 *

① 상대편에게 뒷모습을 보이지 않는다.
② 상대편보다 높은 곳에 위치하지 않는다.
③ 상대편보다 편한 자세를 취하지 않는다.
④ 나에게 유익하고 편리한 것은 남에게 먼저 권하고 사양한다.
⑤ 나에게 불리하거나 불편한 것은 남에게 권하지 않는다.

제4절 옷을 입는 예절

1. 옷차림

인간의 생명 유지에는 의식주(衣食住)가 필요하다. 음식을 먹지 않고 잠을 자지 못하면 살기 어렵지만 옷은 그렇게 절대적인 영향을 미치지는 않는다. 그럼에도 먹고 자는 것 보다 옷을 중요하게 생각하여 의식주라고 옷을 먼저 표현한 까닭은 생명 유지 이외에 부끄러움이라는 예(禮)가 따르기 때문이다.

모든 생물 중에서 가공된 옷을 입는 동물은 인간뿐이다. 동물들은 모두가 몸의 앞부분이 바닥을 향해 있는데 사람만이 두 발로 서서 정면을 향하고 산다. 그때 노출되는 중요한 부분을 가리기 위해서 옷을 입는다.

의복은 체온을 보전하여 더울 때는 시원하게 하고, 추울 때는 따뜻하게 하는 역할도 하지만 중요한 곳을 가리는 역할도 지나쳐서는 안 된다.

1) 옷의 기능

① 신체 보호 - 몸의 체온을 조절하고 외부로부터 보호해 준다.
② 신체 장식 - 신체를 아름답게, 개성 있게 표현한다.
③ 신분 표시 - 교복이나 제복과 같이 직업, 신분을 표시한다.

2) 단정한 용모 복장의 중요성
   ① 첫인상 결정
   ② 신뢰감 형성
   ③ 일의 능률 (작업복, 운동복 등)
   ④ 소속의 이미지 (유니폼)

3) 옷차림의 기본
   ① 깨끗하고 단정한 옷차림
   ② 자신의 체형과 피부색에 어울리는 옷차림
   ③ 색상 대비가 조화로운 옷차림
   ④ 액세서리 등과 어울리는 옷차림

4) 상황에 맞는 옷차림
   ① 자신의 역할과 활동 내용에 따라 상황에 맞는 옷차림은 일의 능률을 올려 주고 사회 규범이나 예의를 갖추게 한다.
   ② 외출할 때는 외출의 목적과 상황에 맞는 옷을 입는다.
   ③ 혼인례나 음악회에는 화사한 옷을 입으며, 장례식에 참석할 때는 화려하지 않은 옷으로 단정하게 입고 지나친 장신구는 피한다.

2. 한복 바르게 입기

1) 한복은 한국의 고유한 옷

한복은 한국인의 복식 즉 우리나라 우리의 옷이다. 남자의 바지·저고리와 여자의 치마·저고리는 기원과 유래가 정확하게 전해지지는 않으나 마름새와 입는 방법이 다른 나라에서는 이와 같은 유형을 찾아보기 어렵다.

2) 길복(吉服)과 흉복(凶服)

한복의 평상복은, 남녀 모두 산 사람이 입는 길복이라 하여 오른쪽 섶을 먼저 여미고 그 위에 왼쪽 섶을 여미는 우임(右)이다. 죽은 이에게 입히는 수의는 흉복이라 하여 왼쪽을 먼저 여미고 그 위에 오른쪽 섶을 여미는 좌임(左)이다.

서양의 옷은, 생사 관계없이 남자의 양복은 왼쪽을 위로 오게 하고, 여자의 양장은 오른쪽을 위로 가게 한다.

3) 바지와 두루마기, 목도리 착용

남자 한복 바지는 앞뒤가 있다. 바짓가랑이의 짧은 사폭(斜幅)이 왼쪽으로 가게 입고, 큰사폭은 오른쪽으로 가게 입는다.

여자는 밖에서 두루마기를 입더라도 실내나 의식행사에 참석할 때는 벗어야 한다. 목도리는 방한 장구이기 때문에 남녀 모두 실외에서만 사용해야 하고, 모자와 장갑은 실내에서나 의식행사에서는 벗어야 한다.

3. 남자의 한복

1) 남자 한복의 종류
① 바지

② 저고리

③ 조끼

④ 마고자 (여름에는 안 입는다)

⑤ 두루마기

2) 남자 한복 입는 순서
① 바지를 입고 양말을 신은 다음에 대님을 맨다.

② 저고리를 입고 그 위에 조끼를 입는다 (아래에서 두 개의 조끼 단추는 끼우지 않는 것이 좋다).

③ 마고자를 입는다. (마고자 단추는 아래에서 위로 고리에 끼운다).

④ 두루마기를 입는다.

1. 큰사폭이 오른쪽으로 가게하고, 허리띠는 그림처럼 맨다.

2. 대님은 복숭아 뼈 안쪽으로 맨다.

3. 저고리 위에 조끼를 입는다.

4. 두루마기를 입는다.

4. 여자의 한복

1) 여자 한복의 종류

① 속바지 (옛날에는 다리속곳, 속속곳, 단속곳, 고쟁이 등이 있었다)
② 속치마   ③ 버선   ④ 치마
⑤ 속적삼   ⑥ 저고리   ⑦ 배자(겨울에만 입는다)
⑧ 두루마기(외출할 때만 입는다)

2) 여자 한복 입는 순서

위 종류에 열거한 순서대로 입는다.
① 속바지 입기   ② 속치마 입기   ③ 버선 신기
④ 치마 입기   ⑤ 속적삼 입기   ⑥ 저고리 입기
⑦ 배자 입기   ⑧ 두루마기 입기   ⑨ 옷고름 매기

<옷고름 매는 순서>

1. 오른쪽 짧은 고름을 왼쪽 긴 고름 위에 걸친다.

2. 걸친 고름을 긴 고름 밑으로 넣어 위로 감아 뺀다.

3. 위로 빼낸 짧은 고름으로 왼손을 감아 둥근 원을 만든다.

4. 긴 고름으로 고를 만들어 짧은 고름의 원 안에서 왼손으로 당긴다.

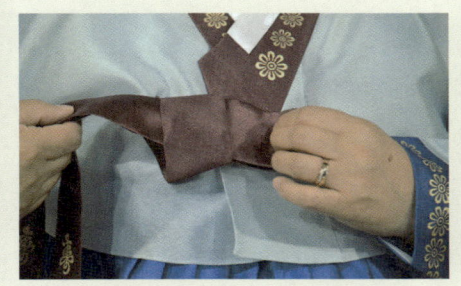

5. 고 안에서 나온 긴 고름을 리본 모양으로 예쁘게 정리한다.

6. 오른손에 있는 짧은 고름을 내려 긴 고름과 균형을 맞춘다.

제5절   첫인사 소개(紹介) 예절

1. 첫인사 예절

① 누군가의 소개를 받아 첫인사를 할 때는, 소개받은 사람에게 먼저 자기의 성명을 말하고 인사한다.
② 방문자인 손님과 주인이 인사할 때는, 손님이 먼저 자기소개를 하고 인사한다.
③ 아무런 소개가 없이 직접 첫인사를 할 때는, 인사를 하고자 하는 사람이 먼저 자기소개를 한다.
④ 상대방이 자기를 소개하며 인사를 청하면, 정중하게 받아들이고 자기를 소개한다.
⑤ 자기소개를 할 때는 성(姓)과 이름까지 말해야 한다.
⑥ 상대가 말하기 거북한 질문이나 비밀을 캐는 듯한 말은 삼간다.
⑦ 첫인사를 할 때는 극히 정중하게 자기를 낮추고 상대를 존중한다.

2. 소개하는 예절

① 연소자를 연장자에게, 지위가 낮은 사람을 지위가 높은 사람에게 소개한다.

② 친한 사람을 덜 친한 사람에게 소개한다.

③ 같은 또래의 소개에는 남자를 여자에게 소개한다.

④ 한 사람과 여러 사람은, 한 사람을 여러 사람에게 소개한다.

⑤ 소개받는 사람이 지루하지 않도록 간단하면서도 알아듣기 쉽게 한다.

⑥ 사실대로 요점만 간단하게 한다.

제6절 명함(名銜) 예절

명함은 그 사람의 얼굴이고 인격 카드이다.
　자기의 명함은 자기 자신이고 상대의 명함은 바로 상대방의 인품이다. 직접 사람을 대하듯 정중하게 대해야 한다. 또한 명함을 만들 때는 자기 과시를 위해서가 아니라 상대방에 자기를 소개한다는 마음으로 만들어야 한다.

1. 명함 주는 법

　① 소속과 이름을 밝히면서 명함을 꺼낸다.
　② 위치는 상대방의 가슴높이가 적당하다.
　③ 서 있는 자세로 교환하며, 상대방이 읽을 수 있도록 건넨다.
　④ 상대방이 바로 볼 수 있도록 왼손을 살짝 받쳐 오른손으로 드린다.
　⑤ 양손으로 명함의 여백을 잡고 소속과 이름을 정확하게 밝힌다.

2. 명함 받는 법

① 목례를 하고 두 손으로 받되 바로 케이스에 넣지 않도록 한다.
② 명함을 받고 상대방의 이름을 그 자리에서 기억한다.
③ 명함을 받았으면 성함을 복창하면서 상대방에 대해 관심을 표현한다.
④ 상대에게서 받은 명함에 모르는 글자가 있으면 정중하게 묻는다.
⑤ 대화 시에는, 명함을 받아 바로 넣는 것은 실례이므로 눈에 띄는 곳에 놓고 대화 중간중간 명함을 보면서 이야기하는 것이 좋다.

3. 명함 관리

① 명함은 명함 지갑에 깨끗한 상태로 보관한다.
② 명함을 거꾸로 넣지 않도록 주의한다.
③ 명함이 부족한 경우 "죄송합니다, 마침 명함이 없는데 다른 종이에 적어드려도 될까요?" 하며 사과를 겸해 의견을 묻는다.

4. 명함 교환 에티켓

① 하급자 → 상급자
② 연하자 → 연장자
③ 방문객 → 주인
④ 후배 → 선배
⑤ 소개 시 : 먼저 소개된 사람부터 상급자, 연장자 순
⑥ 여러 사람 : 상급자, 연장자 순

제7절   전화 예절

1. 전화 거는 예절

① 상대의 전화번호를 먼저 확인한다.
② 용건은 미리 정리해 짧은 통화가 되게 한다.
③ 바른 자세로 수화기를 들고 발신음을 확인한 다음 상대의 번호를 누른다.
④ 통화 중이거나 5회 이상 신호가 가도 받지 않으면 수화기를 내려놓고 2~3분 후에 다시 건다.
⑤ 상대가 전화를 받으면 먼저 상대를 확인한다.
⑥ 상대가 확인되면 자기를 소개한다.
⑦ 상대가 이쪽을 알아차리면 먼저 인사부터 한다.
⑧ 다른 사람이 받으면 정중하게 바꿔주기를 청한다.
⑨ 상대가 나오면 다시 인사하고 용건을 말한다.
⑩ 상대가 없으면 받는 사람에게 전해줄 수 있는가를 묻고 용건을 말한다.
⑪ 용건이 끝나면 인사하고, 전화를 끊겠다고 예고한 다음에 끊는다.
⑫ 전화가 잘못 걸렸으면 정중하게 사과한다.

2. 전화 받는 예절

① 전화 신호가 울리면 수화기를 들고 먼저 "예"라고 대답한 다음 자기를 소개한다.
② 전화를 건 사람이 확인되면 먼저 인사한다.
③ 다른 사람을 찾으면 친절하게 기다리라고 하고 바꾸어 준다.
④ 받을 사람이 없으면, 대신 받아도 되겠느냐고 정중하게 묻는다.
⑤ 남에게 온 전화일 때는 통화 내용을 누가 언제 무슨 일로 전화했다고 기록하여 전달한다.
⑥ 통화가 끝나면 정중하게 인사한다.
⑦ 전화를 건 사람이 먼저 끊은 다음에 수화기를 내려놓는다.
⑧ 잘못 걸려 온 전화라도 친절하게 응대한다.

제8절 방문(訪問) 예절

1. 방문할 때

① 남의 가정이나 사무실을 방문할 때는 미리 연락해 양해를 구한다.
② 방문 사실을 미리 연락할 때는 방문 목적, 시간, 인원 등을 미리 말한다.
③ 상대가 환영하지 않거나 바쁜 시간에는 방문하지 않는다.
④ 방문할 때는 상대에게 불쾌감을 주지 않도록 옷차림 등에 주의를 기울인다.
⑤ 방문할 때는 아이들을 동행하여 소란을 피우거나 엉뚱한 사람과 동행하여 주인을 당황하게 해서는 안 된다.
⑥ 초인종이나 다급하게 누르거나 대문을 시끄럽게 두드리지 않는다.
⑦ 실내에 들어갈 때는 방한용 겉옷을 벗고, 바닥을 더럽히지 않도록 신이나 발바닥을 정결하게 한다.
⑧ 용무가 끝나면 너무 지체하지 말고 바로 일어난다.
⑨ 어떤 경우라도 주인이 원치 않는 방문은 삼간다.

2. 실내에 들어갈 때
① 인기척(노크)을 한 후 들어가도 되는지 확인한 다음 들어간다.
② 문쪽에 있지 않고 안쪽에 앉는다.
③ 진열된 가구나 장식품을 가리지 않게 앉는다.

3. 손님을 안내할 때
① 두 발자국 정도 앞에 서서 안내한다.
② 커브 돌 때는 뒤를 확인한 후 돌아가는 부분에서 앞장선다.
③ 계단을 오를 때는 손님을 앞세운다.
④ 당기는 문일 경우 문을 열고 서서 손님 먼저, 여는 문일 경우 내가 먼저 들어가 문을 잡고 서서 손님을 들어오시게 한다.

4. 엘리베이터를 탈 때
① 안내자가 먼저 타고 번호를 조작한다.
② 엘리베이터 안에서는 문쪽을 향해 서고 조용히 한다.
③ 내릴 때는 손님이 먼저 내린다.

5. 배웅할 때
① 손님이 빠뜨린 물건이 없는지 확인한다.
② 엘리베이터를 탈 때까지(주택은 대문 밖까지) 배웅하고 윗어른은 차를 타고 떠날 때까지 지켜본다.

제9절 식사 예절

우리나라의 식사 예절은 식사의 내용에 따라 세분할 수 있다. 특히 요즘은 우리나라의 고유 식사, 중국 음식, 서양 음식, 일본 음식 등 과학 문명의 발달에 의한 각종 인스턴트 음식이 혼재되고 있어 여러 가지 형태로 나누어 생각할 수 있다.

그러나 식사 예절의 기본은 같다고 할 것이다.

① 윗어른이 자리에 앉은 다음에 아랫사람이 앉는다.
② 몸을 곧게 펴고 반듯하게 앉되, 상 끝과 몸의 간격은 주먹 하나가 들어갈 정도로 띄어 앉는다.
③ 냅킨은 펴서 무릎 위나 앞자락을 덮는다.
④ 윗어른이 수저를 들어 드시기 시작한 다음에 아랫사람이 먹는다.
⑤ 자기 입에 들어갔던 숟가락으로 함께 먹는 음식을 뒤적이거나, 반찬을 들었다 놨다 하지 않는다.
⑥ 함께 먹는 음식은 덜어서 먹고 씹는 소리가 크게 나지 않도록 조심한다.
⑦ 국은 그릇째 들고 마시지 않는다.
⑧ 고기의 뼈, 생선의 가시, 음식 속의 이물질은 남이 보이지 않도록 처리한다.

⑨ 식사 후 이를 쑤시거나 물을 마실 때 양치질이나 트림을 하지 않는다.
⑩ 식사는 너무 빠르거나 늦지 않도록 하여 다른 사람과 같은 시간에 알맞게 끝나도록 조절한다.
⑪ 어떤 경우라도 숟가락과 젓가락을 포개어 함께 들지 않는다.
⑫ 어른이 좋아하시거나 좋은 음식은 사양해 먹지 않는다.
⑬ 멀리 있는 음식을, 손을 뻗어 집지 말고 가까이 있는 음식을 먹는다.
⑭ 마시거나 먹는 소리, 수저나 그릇이 부딪치는 소리가 나지 않도록 한다.
⑮ 상위나 바닥에 음식을 흘리지 않도록 먹는다.
⑯ 식사 중에는 어른이 물으시는 말씀에 대답하는 이외의 잡담을 하지 않는다.
⑰ 어른이 일어나기 전에 먼저 일어나지 않는다. 그러나 사정이 있을 땐 양해를 구하고 일어난다.

제 10절   차(茶) 예절

1. 차를 대접하는 예절

① 손님에게 차를 대접할 때는 준비된 차의 종류를 말하고 "어느 차를 드시겠습니까?" 의견을 묻는다.

② 섬살이에서 차를 대접할 때는 서서 드리고, 앉음살이(좌식)에서는 앉아서 드린다.

③ 찻잔을 탁자 위에 올릴 때는 쟁반을 먼저 바닥이나 탁자 위에 내려놓고, 두 손으로 찻잔 받침을 들어서 손님 앞에 드린다.

④ 뒤편에서 찻잔을 놓아야 할 때는 손님의 왼쪽 뒤에서 앞쪽으로 놓는다(오른쪽은 손님이 언제 움직일지 몰라 위험하다).

⑤ 찻잔의 손잡이는 손님의 오른쪽으로 가게하고 찻숟가락은 손님 쪽에 있어야 한다.

⑥ 빈 찻잔이 손님 앞에 오래 놓여 있지 않도록 한다.

⑦ 차에 들어가는 첨가물은 손님의 의견을 물어서 조절한다.

⑧ 장시간 대화할 경우, 차를 더 드시겠는지 손님의 의견을 묻는다.

⑨ 손님에게 가까운 거리에서 뒷모습을 보이지 않도록 한다.

2. 차를 대접받는 예절

① 차가 나오면 반드시 "고맙습니다"라고 인사한다.
② 찻숟가락으로 설탕이나 첨가물을 넣고 저은 다음에는 찻숟가락을 찻잔의 뒤에 놓는다.
③ 첨가물 그릇의 뚜껑은 바닥에 닿지 않도록 젖혀 놓았다가 다시 덮는다.
④ 찻숟가락이나 찻잔이 부딪치는 소리가 나지 않도록 조심한다.
⑤ 오른손으로 손잡이를 들고 왼손으로 찻잔 밑을 받치듯이 잔을 들고 마신다.
⑥ 홀짝이는 소리를 내거나 뜨겁다고 '후'하고 불거나 찻숟가락으로 떠서 마시지 않아야 한다.
⑦ 다 마시면 찻잔을 받침에 반듯하게 올려서 조금 앞으로 밀어 놓는다.
⑧ 주인에게 "잘 마셨습니다" "고맙습니다" 인사한다.

제11절   술(酒) 예절

1. 술을 대접하는 예절

① 손님에게 어떤 술을 드시겠느냐고 의견을 묻는다.
② 가능하면 안주도 손님이 좋아하는 것으로 준비한다.
③ 술은 여러 가지 혼합하는 것을 피한다.
④ 손님의 주량을 짐작해 준비하며 안주가 식거나 중간에 모자라지 않게 한다.
⑤ 손님이 싫다면 술을 억지로 권하지 않는다.
⑥ 손님이 취한 것 같으면 지혜롭게 절제하도록 한다.
⑨ 손님에게 가까운 거리에서 뒷모습을 보이지 않도록 한다.

2. 술을 대접받는 예절

① 술은 맛을 보며 조용하게 마신다.
② 어른에게 먼저 권하고 어른이 마신 다음에 아랫사람이 마신다.
③ 어른에게 술잔을 드릴 때는 두 손으로 드리고 주전자는 오른손으로 들고 왼손으로 받쳐 공손히 따르되 잔이 넘치지 않도록 조심한다.
④ 어른이 주시는 술잔은 두 손으로 받으며 "고맙습니다" 인사하고 마신다.
⑤ 먼저 술을 받았으면 반드시 그 사람에게 술을 권한다.
⑥ 술잔이나 그릇이 부딪치는 소리로 소란스럽지 않게 한다.
⑦ 술에 취하지 않도록 자제하며 조심 한다.
⑧ 만일 과한 것 같으면 언행을 주의하여 취중의 소동을 일으키지 않게 한다.
⑨ 주인의 형편을 고려하여 술과 안주를 추가해 달라고 요구하지 않는다.

제12절   조문(弔問) 예절

1. 조상(弔喪)과 문상(問喪)

죽은 이의 영좌에 죽음을 슬퍼하며 예를 드리는 것을 **조상**(弔喪)이라 하고, 상주에게 위문하는 것을 **문상**(問喪)이라고 한다. 따라서 '죽은 이에게 예를 드리고 상주를 위문하는 모든 것'을 '**조문**(弔問)'이라고 한다.

2. 조문(弔問) 가기 전 확인할 사항

① 누가, 언제 돌아가셨는지 확인한다.
② 장례식장과 발인 날짜 및 장소를 확인한다.
③ 상주의 이름을 확인한다.

* 친지가 상을 당하였을 경우

연락이 오면 되도록 빨리 상가에 가서 상제들을 위로하고 도와서 장례 절차, 예산 관련 등을 상의하고 할 일을 서로 분담하여 책임감 있게 수행해 준다. 아무리 가까운 사이라도 단정한 복장을 하고 영위에 분향, 재배 후 상주에게 정중한 태도로 예를 다한다.

* 이웃이 상을 당하였을 때

절친한 사이면 빨리 가서 급한 일을 도와준다. 약간 먼 사이라면 성복제가 지난 후에 가는 것이 좋다.

3. 조문할 때의 옷차림

① 남녀는 검정 또는 흰 옷을(위아래 같은 색) 정장으로 단정하게 입는다.
② 여성의 경우 노출이 심하고 화려한 디자인의 옷은 피한다.
③ 여성의 경우 색조 화장과 액세서리 착용은 피한다.
- 남자 : 검정색 양복이 원칙이나 갑자기 가게 되면 회색도 실례가 되지 않는다. 와이셔츠는 흰색, 넥타이는 검은색을 맨다. 양말과 구두도 검은색으로 통일한다.
- 여자 : 검정색 정장과 무늬 없는 양말과 색채 화장은 하지 않는다.

4. 조문(弔問)에서의 기본 매너

① 휴대폰은 진동으로 하거나 전원을 끈다.
② 상가에 가서 반가운 친구나 친지를 만나더라도 큰 소리를 내지 않는다.
③ 일반 술자리처럼 건배를 해서는 안 된다.
④ 유족에게 정신적 피로감을 주게 되므로 고인의 사망 원인 등을 상세히 묻지 말며 반가운 친지를 만나도 큰소리로 말하지 않는 것이 좋다.

5. 조문하는 순서

상가에 도착하면 문밖에서 외투와 모자를 벗고 상제에게 가볍게 목례한다.

① 영정 앞으로 나아가 향을 피우고 고인을 추모하며 슬픔을 나타낸다.
  향의 불을 붙여 불꽃을 끈 후 향로에 꽂는데 이때 불꽃을 입으로 불지 말고 왼손으로 흔들어 끈다. 향은 홀수로 분향한다 (1개 혹은 3개).
② 두 세 걸음 뒤로 물러나서 재배한다. 서서 할 때는 큰 경례, 묵념, 합장을 한다.
③ 약간 뒤로 물러나서 상주가 있는 곳을 향하여 상주에게 한번 절한다.
④ 절을 마친 뒤, 말을 하지 않고 나오는 것이 예의이나 상황에 맞는 인사말을 해도 무방하다.
⑤ 문상을 마친 후 다시 호상소(접수)나 부의금 함에 준비된 부조금 등을 직접 넣는다.
⑥ 대접하는 다과가 있으면 간단히 먹고 일어난다.

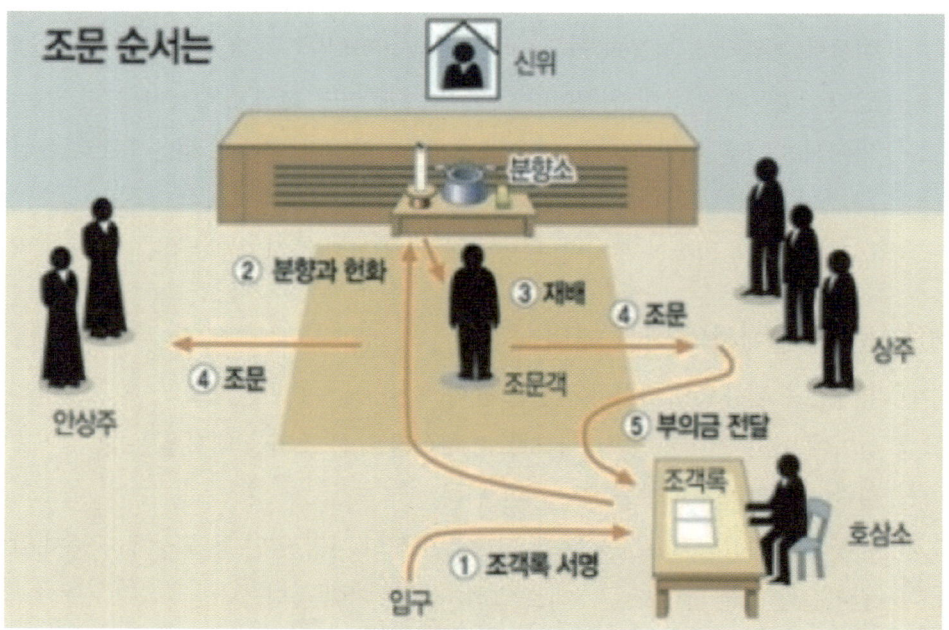

6. 조의금 문구

① 조의(弔儀) ② 부의(賻儀) ③ 근조(謹弔)

제13절 직장(職場) 예절

 직장은 출생, 성장, 교육, 전공, 취미, 소질, 가치관이 각기 다른 이질적인 타인들이 일정한 목표를 위해 자기의 특성을 조율해 전체에 맞추어 성취하고 거기에서 얻어지는 이윤을 균점(均霑)하는 조직사회이다.

 같은 직장이라는 조직의 구성원들이 각기 자기가 지닌 이질성을 전체의 공통된 목적 달성을 위한 동질성을 갖도록 조율하는 방법을 직장 예절이라 한다.

 공동 목표를 성취하려면 개성은 앞세우되 개별화해서는 안 된다. 일사불란하게 조직적으로 움직여야 공동 목표가 이루어진다. 그렇게 되도록 길고 짧고 크고 작은 것들을 일정한 규격으로 조율하는 것이 직장 예절이다.

1. 직업을 갖는 목적

 인간은 자유를 원한다. 그러나 제약을 받으면서도 직장을 갖는 이유는 인간이기 때문에 피할 수 없는 다음 3가지 목적을 위해서이다.

① 자기와 부양의무가 있는 가족들의 생계유지를 위한 경제활동이다.
② 자기가 종사하는 직업을 통해 무엇인가를 이루어보려는 자기 성취를 위해서이다.
③ 자기가 종사하는 직업을 통해 이 시대와 이 사회에 무엇인가 도움이 되는 사회기여를 위해서이다.

2. 직업의 귀천(貴賤)

1) 직업에는 귀천이 있다.
우리는 조직사회에서 살고 있다. 가정에도 할아버지, 아버지, 나의 위계가 있고 사회에는 대표, 사장, 전무, 상무, 부장 등의 위계가 있다. 직업에는 사람들이 기피하는 업종도 있고 선호하는 직업도 있다.

2) 적성에 맞는 직업이 귀업(貴業)이다.
자기가 하는 일을 좋아하여 즐겁게 하고, 자기가 하는 일에 소질이 있어 일하기가 수월하고, 자기가 하는 일에 자기의 능력으로 감당할 수 있어서 어렵지 않다면 적성에 맞는 직업이고 그것이 바로 귀업이라고 할 수 있다.

3) 적성에 맞지 않아도 할 수 없이 하는 직업은 천업(賤業)이다.
취미도 없고 소질에도 맞지 않고 능력으로 감당할 수 없음에도 할 수 없이 마지 못해 하는 직업은 천업이라고 할 수 있다.

3. 목민심서(牧民心書)

실학자 다산 정약용(茶山 丁若鏞 1762~1836)이 강진에서 18년간 유배생활을 한 다음, 60세에 완성한 이 목민심서 서문에, "임금의 버림을 받고 나이가 60을 넘었으니 지방 행정의 경륜은 있으나 실행해 볼 수가 없어 마음속에만 있는 글"이라는 안타까운 마음에서 목민심서라고 밝혔다. 그러나 지금 사람들은 그 안타까운 마음은 생각하지 않고 그냥 '공직자의 심득서(心得書)'라고 말한다.

목민심서는 모두 12장에 장마다 6조씩으로 엮어 72개조이다. 그것을 살펴보면 공직윤리로서 모든 공직자에게 적용할 만한 것은 제1장의 부임에서 공직자의 자격요건, 제2장 율기(律己)로 공직자의 자기관리, 제3장의 봉공의 근무 요령, 제4장의 애민 부분이다.

직업에 임한 공직자들은 목민심서를 주의 깊게 읽어볼 필요가 있으며, 관행성 사회 계약적 생활규범인 "이렇게 하자"고 약속해 놓은 규범을 새겨야 할 것이다.

4. 직장인의 자세

1) 직장인의 마음가짐
① 책임과 최선을 다하는 자세
② 자기 계발에 정진하는 자세
③ 항상 즐거운 마음을 가지도록 노력하는 자세

2) 고객 응대 기본자세
① Smile! 항상 웃는 얼굴로 대하고자 노력한다.
② Speed! 자신이 맡은 일을 최소의 시간으로 진행한다.
③ Service! 고객의 입장에서 이해하고자 노력한다.

3) 외출, 출장 시
① 출장이나 사외 근무에는 중간보고를 하고, 귀사 후 경과를 구두 또는 서면으로 한다.
② 출장 시는 소재를 분명히 한다. 반드시 목적지를 주위에 알린다.
③ 외출에는 상사의 허가를 받으며 행선지, 목적, 소요 시간을 보고한다.

4) 결근, 지각 때의 사과
"늦어서 죄송합니다."라는 인사와 사유를 보고한다.

5) 통화 중
통화 중에 상사가 출근할 때는 가볍게 목례한다.

6) 퇴근 시
① 아무 말 없이 퇴근하지 않도록 한다.
② 다른 사람보다 먼저 퇴근할 때는 "먼저 실례하겠습니다, 내일 뵙겠습니다." 등의 인사를 한다.
③ 상사에게 "수고하십시오" 라는 말은 적합하지 않다.

7) 상사가 부를 때
① 상사가 부를 땐 명확하게 "네." 하고 메모 준비를 갖추어 빠른 동작으로 상사의 자리로 간다.
② 지시 내용을 바르게 이해한다.
③ 상사의 지시를 받을 때는 요점을 간략히 메모한다.
④ 지시를 받는 도중에 불명확한 부분이 있거나 의문 나는 부분이 있으면 상사의 지시를 끝까지 들은 뒤 지시가 끝난 후 확인한다.
⑤ 고유명사와 숫자는 정확하게 확인하도록 한다.

8) 여러 지시를 겹쳐서 받을 때
① 먼저 처리해야 할 일이 무엇인가를 확인하여 추진한다.
② 상사에게 지시를 받았는데 다른 상사가 지시를 하게 되면, 나중에 지시한 상사에게 사정을 말하고 정하되, 마음대로 일의 우선순위를 정하지 않는다.

9) 직속 상사가 아닌 사람에게 지시를 받았을 때
다른 상사에게 받은 일에 대한 내용을 직속 상사에게 보고하는 것이 좋다.

10) 기일 내에 지시 사항을 이행하지 못할 때
늦어지는 원인이 무엇인지, 얼마만큼 늦어질 것인지, 어떻게 대처할 것인지 명확하게 정리하여 보고한다.

5. 직장에서 보고의 자세

1) 보고를 해야 하는 경우
① 지시받은 업무를 끝냈을 때
② 장기간 소요되는 업무에 대해 중간보고할 때
③ 일의 추진 방법에 변경이 필요할 때
④ 새로운 관련 정보를 얻었을 때
⑤ 일을 추진하는 데 있어 새로운 의견이 있을 때

2) 보고 방법
① 결과를 먼저 말한다.
② 자기의 주관을 배제하고 객관적 사실을 정확히 전달한다.
③ 자신의 의견이 필요할 때는 "제 생각으로는.."이라고 말한 뒤 의견을 제시한다.
④ 보고를 지연하지 않는다.
⑤ 중간보고를 한다.
⑥ 구두보고와 문서 보고를 구분하여 보고한다.

6. 근무 상황에 따른 인사법

1) 출근 인사
① 아침에는 활기찬 표정과 태도로서 명랑한 인사를 나눈다.
② 윗사람이 들어서면 일어서서 인사를 한다.
③ 늦었을 때는 상사 앞에 가서 사유를 분명하게 말한다.

2) 퇴근 인사
① 서로 수고의 인사를 나눈다.
② 아랫사람이 윗사람에게 '수고하셨습니다. 수고하세요.' 등의 인사는 사용하지 않는다.
③ 상사가 일이 끝나지 않았는데 먼저 나갈 경우, 미안한 마음으로 인사하고 나온다.

구분	상황	인사말	인사동작
출근 시		안녕하십니까 (하세요)	• 보통례로 바르게 인사한다. • 밝고 명랑한 어조로 인사
	근무 중 상사가 왔을 때	어서 오십시오	• 자리에서 일어나 인사하고 부득이한 경우에는 근무 자세에서 인사
근무 중	상사를 찾아갔을 때	안녕하십니까	• 상사의 3보 앞에서 보통례로 인사
	근무지 이외에서 만났을 때	안녕하십니까	• 상사의 3보 앞에서 보통례로 인사
퇴근 시	먼저 퇴근할 때	먼저 퇴근하겠습니다	• 상사의 3보 앞에서 보통례로 인사
	상사보다 늦게 퇴근할 경우	안녕히 가십시오	• 사무실인 경우에는 의자에서 일어나 인사하고 작업 중에는 제자리에서 인사한다. (밝고 힘찬 음성)

제14절 가족의 범위와 촌수(寸數)

1. 가족의 범위

　가족의 범위는 혈족의 직계와 방계 및 그 배우자가 있다. 혈족 직계는 대를 이어 부모와 자녀의 관계로 이어지고 혈족 방계는 혈족 직계 즉, 부모를 함께 하는 형제자매를 말한다. 그리고 혈족 남자의 아내와 혈족 여자의 남편도 가족의 범주에 든다.

　이와 같이 혈족을 중심으로 하는 가족도 가까운 집안 또는 근친과 먼 일가로 나누어진다. 우리나라의 근친은 고조할아버지를 함께 하는 8촌과 근친 남자의 배우자 및 어머니의 4촌까지를 말한다. 기타의 혈족은 일가라고 말한다.

2. 촌수 따지는 법

　같은 가족이지만 멀고 가까운 관계를 말하려면 촌수로 말한다.

　그 촌수를 따지는 법은 한 세대 차이, 즉 부모와 자녀 사이를 1촌으로 계산해서 상대와 자기가 갈라진 조상을 중심으로 자기와 그 조상까지의 세대수와 그 조상에서 상대까지의 세대수를 합한 것은 촌수라고 한다.

　예를 든다면, 부모와 자녀는 한 세대이니까 1촌이고, 형 동생 누님 누이동생은 한 부모의 자녀이기 때문에 나에게서 부모까지가 1세대, 부모에서 그들까지가 1세대니까 합해서 2촌이 된다.

큰아버지, 작은아버지, 고모와 나는 할아버지에게서 갈라졌으니 나에게서 할아버지까지가 2세대이고 할아버지에게서 그 분들까지가 1세대 차이이므로 합해서 3촌이 된다.

가까운 친족을 동고조(同高祖) 8촌간이라고 하는데 나에게서 고조까지가 4세대이고 고조에서 4세대가 되는 형제항렬까지를 합치면 8촌이 되는 것이다.

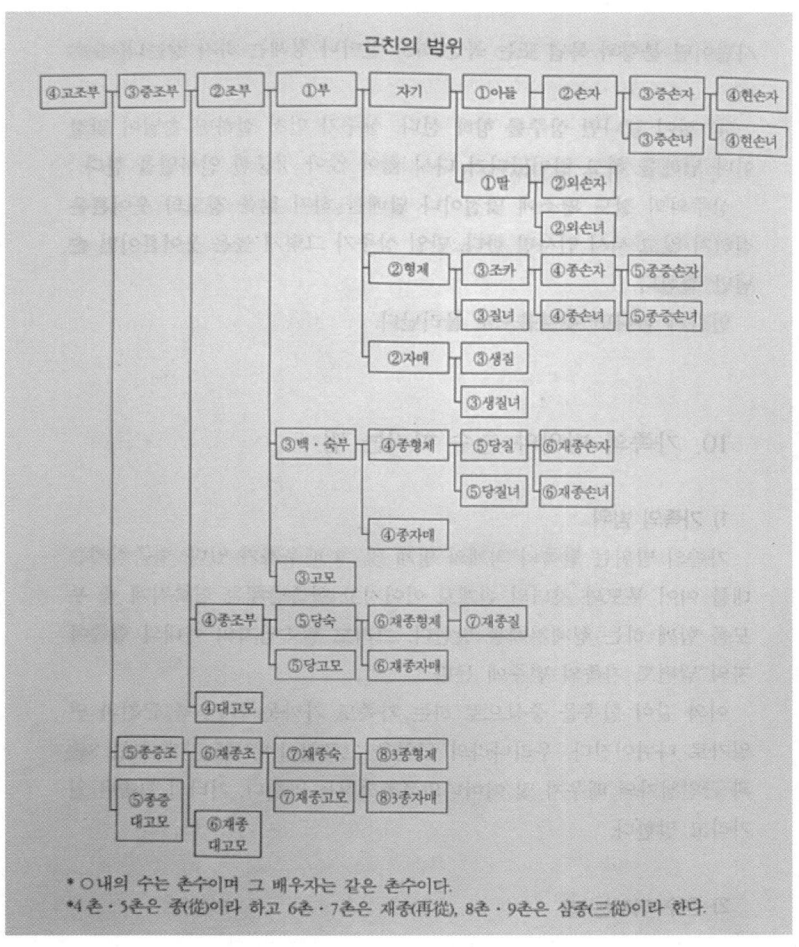

제4장
가정의례(家庭儀禮)

제1절   가정의례의 의의(意義)

　가정의례란 가정에서 행하는 의식예절(儀式禮節)이고, 의식이란 격식화된 절차에 의하여 행해지는 행사이다. 가정의례는 가정에서 미리 정해진 격식과 절차에 의해 가족이 주인이 되어 행하는 행사에 관한 예절을 말하는 것이다.
　현대에는 가정의례라 말하지만 전통적으로 가례(家禮)라고 했다. 가례(家禮)라는 말은 중국의 주희(朱熹1130~1200)가 1169년에 그 어머님[祝氏]의 상장(喪葬)에 대비하여 삼례(三禮-儀禮, 周禮, 禮記) 중에서 가정의례에 관한 것들을 가례(家禮)라는 책을 쓴 데에서 쓰이게 된 것이다. 가정의례란 말은 1969년 1월 16일에 법률 제2079호로 공포 시행 '가정의례에 관한 법률'에서 처음으로 쓰이기 시작하였다.
　예(禮)가 사회생활이 시작되면서 생활 습관이 하나의 규범으로 정립된 것과 같이 가정의례도 가정생활을 통해서 하나의 정칙(正則)으로 자연스럽게 정립된 것이다.

제2절 가정의례의 변천

1. 현대의 가정의례

생활 여건의 변화에 따라 가정의례의 상황도 달라진다. 옛 가례가 행해지던 시대와 현대는 점차 사정이 달라지고 있다.

1) **정치제도** : 왕조(王朝)시대에서 민주 제도로 바뀌었다.
2) **생활경제** : 농경 사회에서 공업, 생산 시대를 거쳐 유통 서비스 시대를 맞았다.
3) **문화생활** : 교육 문화 의식주(衣食住) 등의 각 분야가 속도화정보화하면서 새로운 생활 방식이 요구되고, 자연스럽게 가정의례도 달라지고 있다.

옛 가례에서는 관례(冠禮) 혼례(婚禮) 상례(喪禮) 제례(祭禮)로 사례(四禮)였다. 1969년의 가정의례에 관한 법률에서는 혼례, 상례, 제례, 회갑연(回甲宴)의 사례로 관례가 빠지고 회갑연이 추가되었다. 그러나 가정의례에 관한 법률도 1999년의 8월 9일자로 폐기되고, 현대 가정의례를 법률로 규제하지 않고 생활문화로 통용되고 있다.

2. 7례(禮)3제(制)

[7례(禮)]

1) **공통례(共通禮)** : 모든 가정의례에 공통적으로 쓰이는 것이다.
2) **작명례(作名禮)** : 태어난 아기에게 이름을 지어 부여하는 의식이다.
3) **성년례(成年禮)** : 옛 가례의 관례는 남자에게만 해당되는 명칭이므로 남녀 모두 성인으로서의 책무를 일깨우는 의식이기 때문에 성년례라 한다.
4) **혼인례(婚姻禮)** : 남녀가 짝을 이루어 부부가 되는 의식이다. 그것을 우리나라 헌법과 민법에서는 혼인(婚姻)이라 하므로 혼인례(婚姻禮)라 한다.
5) **수연례(壽筵禮)** : 어른의 모든 생신 행사를 총괄하는 의미로 수연례라 한다.
6) **상장례(喪葬禮)** : 죽음을 맞은 것은 초상(初喪)이고 주검을 갈무리하는 것은 치장(治葬)이기 때문에 상장례라 한다.
7) **제의례(祭儀禮)** : 죽은 조상을 살아계신 조상 모시듯 효도를 계속하는 것을 제의례라 한다.

[3제(制)]

1) **가묘제도(家廟制度)** : 효도를 계속하기 위한 조상의 상징표상을 모시는 장소이다.
2) **묘지제도(墓地制度)** : 시체 매장, 화장, 납골시설, 한시 파묘 납골, 자연장, 골분 소산 등이 있다.
3) **예복제도(禮服制度)** : 예복제도(禮服制度) : 의례 제도가 변하면서 다양화된 예복제도가 도입되었다.

제3절　위계와 질서(位階·秩序)

1. 가정에서의 위계와 질서

　가정에서의 구성원인 가족간에는 세대차(世代差)와 출생 선후차(先後次)에 의한 위계가 있다. 아버지와 아들은 세대차이 위계이고 형과 아우는 출생 선후차의 위계이다. 아버지와 어머니와 같은 세대는 윗세대이고, 아들과 딸은 세대는 아랫세대이며, 형제자매(兄弟姉妹)는 같은 세대이다. 윗세대는 아랫세대를 사랑하고 아랫세대는 윗세대를 효도로 모시는데 그것을 부자자효(父慈子孝)라 하고, 형은 아우와 우애하고 아우는 형에게 공순하는데 그것을 형우제공(兄友弟恭)이라 한다.

2. 사회에서의 위계와 질서

　사회생활에서도 가정과 같은 위계가 있다. 첫 번째는 나이가 많은 윗어른과 나이가 적은 아랫사람이고, 두 번째는 지위가 높은 상급자와 지위가 낮은 하급자, 그리고 나이가 같은 친구와 지위가 같은 동료가 있다.
　윗어른을 공경하고 아랫사람을 사랑하는 것은 경장애유(敬長愛幼)라 하고, 상급자를 섬기고 하급자를 지휘하는 것은 사존사비(事尊使卑)라 한다.

사회의 위계질서에 대해 맹자(孟子)는 다음과 같이 말했다.
1) 조직사회에서는 직급을 최우선으로 하고 [조정막여작(朝庭幕如爵)]
2) 사회생활에서는 나이를 최우선으로 하고 [향당막여치(鄕黨幕如齒)]
3) 세상을 바르게 하고 백성의 어른이 되는 데에는 학문과 덕성을 최우선으로 해서 [보세장민막여덕(輔世長民幕如德)] 위계를 정한다.

동양의 고전 예기(禮記)에서 나이로 위계를 정하는 기준은 다음과 같다.
1) 자기보다 16년 이상 나이가 많으면 아버지를 섬기듯 모시고
   [연장이배즉부사지(年長以倍則父事之)]
2) 자기보다 11년 이상 나이가 많으면 형님을 섬기듯이 모시고
   [십년이장즉형사지(十年以長則兄事之)]
3) 자기보다 6년 이상 나이가 많으면 선후배 사이로 지낸다.
   [오년이장즉견수지(五年以長則肩隨之)]

따라서 6년 이상 10년까지는 나이가 많은 쪽이 친구로 지내자고 허락할 때만 친구 사이로 지낼 수 있고, 5년 이내에 드는 사이는 서로 친구처럼 지낼 수 있다는 말이다.

3. 특수 분야에서의 위계와 질서

세대 차이연령 차이직급 차이가 상관없이 위계는, 가르치는 선생님과 배우는 제자, 잘하는 사람과 못하는 사람, 앞선 사람과 뒤진 사람, 힘이 센 사람과 약한 사람이 있는 경우이다.

4. 위계(位階)가 없는 세 가지

1) 남자와 여자는 위계가 없다.

남자와 여자는 높고 낮은 것이 아니다. 다만 각자 다른 조건과 능력에 따라 사회조직에서 상하가 있을 뿐이다. 그러므로 남녀가 평등이냐 차별이냐는 남녀가 각자 다른 조건과 능력이 절대 필수조건으로 부부가 평등하면 남녀가 평등이고 부부가 차별이면 남녀가 차별이 되는 것이다.

좌석 배치에는 남자는 양이므로 동쪽이고 여자는 음이어서 서쪽이다. 산 사람(生者)은 밝은 양계(陽界)에 있으니 해가 떠서 밝음이 오는 동쪽을 상석으로 위치하고, 여자는 하석에 위치하는 남동여서(男東女西)가 되는 것이다.

2) 주인과 손님은 위계가 없다.

주인이고 손님이기 때문에 높고 낮은 것이 아니다. 다만 좌석 배치를 하는데 주인은 자기 집의 근본이 되는 동(東)쪽에 자리 잡고 손님은 당연히 그 반대쪽인 서(西)쪽에 자리잡게 되므로 주동객서(主東客西)가 된다.

3) 문관(文官)과 무관(武官)은 위계가 없다.

문관과 무관은 높고 낮은 것이 아니다. 다만 좌석 배치를 하기 위해서 그 특성을 고려하게 된다. 즉 무관은 손에 무기를 드는 일에 관계되기 때문에 어두움이 깃든 서(西)쪽에 위치하고, 문관은 당연히 그 반대쪽인 동(東)쪽에 자리 잡게 되어 문동무서(文東武西)가 된다.

제4절 작명례(作名禮)

1. 작명례의 목적

작명례는 그 이름을 중히 여기고 명예를 존중하기 위해 필요한 것이다. 사람의 육신은 유한(有限)하지만 그 이름은 영원한 것이다. 때문에 사람은 자랑스러운 이름을 영원히 남기고자 삶을 조심하는 것이고, 남의 이름을 존중하는 것이다.

그렇게 하기 위해 이름을 지어서 부여할 때는 일정한 의식을 갖추어, 부모는 그 아이를 훌륭하게 키우기로 다짐하는 데에 목적이 있다. 그러므로 작명례는 이름의 글자를 무엇으로 하느냐에 의미가 있는 것이 아니고, 지은 이름을 붙여 주는 절차를 엄숙하고 경건하게 하는 데에 그 의미가 있다.

2. 우리나라 이름의 특수성

우리나라는 대개 성과 이름으로 성명을 짓는데 성(姓)은 아버지의 성을 따르므로 따로 지을 필요가 없으나 이름은 사람마다 다르게 짓는다.

그 이름도 대개 2자로 되는데 그 중의 1자는 성씨에 따라 정해진 항렬자를 따르므로 그 사람의 고유적인 이름은 1자이다. 성씨에 따라서는 1자로 이름을 짓는데 그 경우도 글자의 구성상 같은 글자로 된 변을 쓰게 된다. 그 같은 변이 항렬자가 되는 것이다. 항렬자만 보아도 어느 성씨의 몇 세(世)인지 구분이 되고, 어떤 경우는 어느 성씨의 어느 파(派)에 속하는지를 구분할 수도 있다.

그러므로 아이의 이름을 지을 때는 항렬자를 쓰는 것이 그 뿌리를 밝히는 것이 된다. 항렬자를 이름에 쓰는 것이 우리나라 이름의 특수한 부분이다.

1) 항렬자(行列字)의 중요성

항렬은 같은 씨족 간의 소목(昭穆), 즉 세대의 차례를 나타내는 것으로서 숙명적인 천륜이라 하겠다. 그러므로 항렬자로 세대를 구분하여 할아버지와 같은 세대는 조항(祖行)이라 하고, 아버지와 같은 세대는 숙항(叔行), 자기와 같은 세대는 동항(同行), 아들의 세대는 질항(姪行), 손자의 세대는 손항(孫行)이라 한다. 그렇기 때문에 항렬자를 쓰는 것은 씨족제도 아래서 질서와 화합을 기하는 방법이 되는 것이다.

2) 항렬자의 종류

항렬자는 성씨에 따라 다른데 대개 다음과 같은 종류가 있다

① 오행상생법(五行上牲法) : 글자의 획에 金, 水, 木, 火, 土가 든 글자를 세대 순으로 반복해서 쓴다.

② 십간법(十干法) : 글자의 획에 甲, 乙, 丙, 丁, 戊, 己, 庚, 辛, 壬, 癸가 든 글자를 세대순으로 반복해서 쓴다.

③ 십이지법(十二地法) : 글자의 획에 子, 丑, 寅, 卯, 辰, 巳, 午, 未, 甲, 酉, 戌, 亥가 든 글자를 세대 순로 반복해서 쓴다

④ 숫자법 : 셈의 차례대로 一→大, 二→天, 三→泰, 四→憲, 五→梧, 六→奇, 七→純, 八→俊, 九→旭, 十→南과 같은 것이다.

● 이름이 두 글자일 때의 항렬자의 위치는 윗세대가 앞 글자에 썼으면 그 다음 세대는 뒤 글자에 항렬자를 쓰는 것이 일반적이다.

3. 이름의 종류

우리나라는 여러 가지의 이름이 쓰여지고 있다. 그 이유는 이름을 중요시해서이다. 그것을 어릴 때부터 죽은 후까지 살펴보면 다음과 같다.

1) 아명(兒名)

어린아이의 이름이다. 상류층 즉 양반 사회에서는 성년례를 하고 자(子)를 지어 부르게 될 때까지 부르는 것이고, 일반적이고 서민층에서는 천하게 불러야 오래 산다는 습속이 있어 '개똥이', '말똥이' 등으로 부르기도 했다.

여자의 경우는 어릴 때는 이름이 없이 '아기'로 부르다가 '아가씨' '작은 아씨' 등으로 나이에 따라 높여 부르고, 혼인을 하면 시댁의 성을 붙여 '박실', '김집' 등으로 부르며 남편의 벼슬이 높아지면 '숙부인', '정경부인' 등으로 작호를 부르기 때문에 평생 이름이 없기도 했다.

1) 관명(官名, 戶籍名, 族譜名)

관명은 공식명이다. 옛날에는 족보에 울리기 때문에 족보명이라고 하기도 했다. 이것을 공식명이라 하는 까닭은 사회 활동이나 학적부, 이력서 등에 자기를 대표하는 이름으로 쓰이기 때문이다. 항렬자를 넣어 이름을 짓는 것도 이 관명의 경우이다. 현대 이름이라 말하는 것은 이 관명을 말함이고, 여기에서 서술하는 작명례도 관명을 지어 주는 의식이다.

3) 자(字)

자는 성년례를 할 때에 관자(冠字)라 해서 지어 주는 별명이며, 공식적인 관명을 존중하기 위해서 어른이나 친구들이 부르게 된다.

자는 비록 별명이기는 하지만 아랫사람들은 윗어른의 자를 부를 수 없었다. 이 자는 관례가 행해지지 않으면서 사실상 사라졌고, 씨족 관계를 기록한 족보에서 흔히 볼 수 있다.

4) 호(號, 雅號)

호는 아랫사람도 부를 수 있는 별명이다. 어떤 사람이 유명해져서 아랫사람도 그 이름을 부르지 않을 수 없게 되면 "남자는 정호가 있고, 여자는 당호가 있다"고 해서 누구라도 부를 수 있는 별명을 갖게 된다.

연예인이 갖는 예명(藝名)이나 문인이 갖는 필명(筆名)이 여기에 속한다. 저명인이 갖는 호가 이것이다. 여자의 경우도 흔한 일은 아니지만 신 사임당, 허 난설헌과 같이 당호를 가졌었다

호는 자기가 짓기도 하고 남이 지어주기도 하는데, 사는 집이나 고장의 이름으로 짓는 처호(處號)와 자기를 경계하거나 희망을 나타내어 짓는 지호(志號)가 있다. 퇴계, 율곡, 사계는 처호이고, 회헌(晦軒), 신독재, 우암은 지호이다.

이름과 자는 한 가지만 있지만 호는 친구들이 지어서 부르는 경우도 있으므로 여러 가지를 쓰는 경우도 있다.

5) 시호(諡號)

시호는 그 사람이 죽은 후에 생시의 공적이나 학덕을 기려 국왕이 내리는 것이 일방적이다. 대개 정2품 이상이나 공신에게 내렸다.

시호에 쓰이는 글자는 301자였으나 주로 쓰인 글자는 120자이고, 이것을 2자씩

붙여서 지었다. 글자마다 심오한 뜻을 부여하였으므로 징계하는 의미의 시호를 내리는 경우도 있었다. 때문에 시호는 영광이 되는 것이 상식이었으나 더러는 꺼려서 기피하는 대상이 되기도 하였다.

3. 작명례 절차

우리나라는 여러 가지의 이름이 쓰여지고 있다. 그 이유는 이름을 중요시해서이다. 그것을 어릴 때부터 죽은 후까지 살펴보면 다음과 같다.

1) 작명례의 시기

옛날에는 영아 사망률이 높아서 생후 일백일을 중요시했다. 그래서 백일 잔치를 하는 것과 같이 이름을 짓고, 출생 사실을 조상에 아뢰는 일도 생후 3개월이 되어야 했다. 그러나 현대는 생후 30일 이내에 출생신고를 해야하기 때문에 작명례도
생후 30일 이내에 하는 것이 합리적이다.

2) 명첩(名帖)의 작성
(1) 용지

말로 이름을 지어 주는 방법도 있지만 뜻도 깊게 하고 그 이름을 존중하게 하려면 일정한 서식에 의한 명첩을 작성하는 것이 바람직하다. 명첩은 너비 30cm, 길이 49cm 정도의 백지를 7칸으로 접어 붓으로 먹글씨를 쓰는 것이 좋다.

(2) 명첩(名帖) 서식(書式)

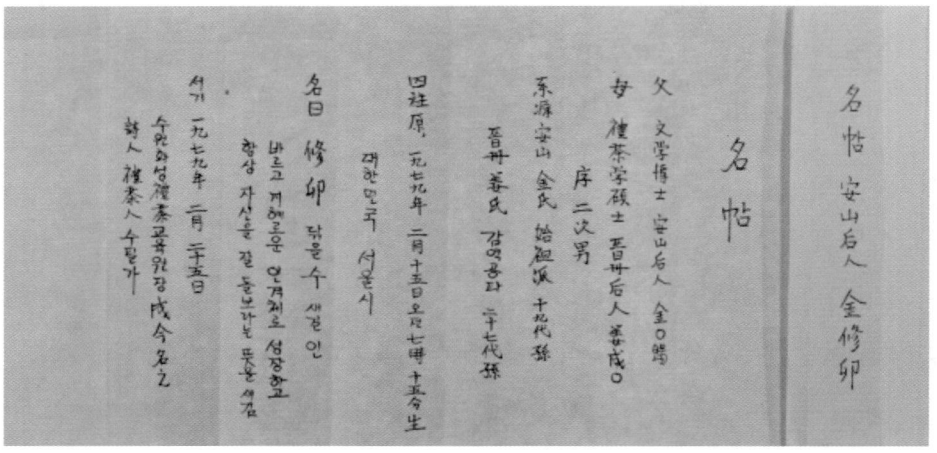

- 첫째칸 : 공란이다.
- 둘째 칸 : 부모를 쓴다.

  명첩(名帖)

  부(父), 학위, 직급, 본관, 성명, 연령

  모(母), 학위, 당호, 본관, 성명, 연령

  서(序), 출생차례 ○남(녀)

- 셋째 칸 : 조상의 뿌리를 쓴다.

  계원(溪源) 본관 성씨 ○○세(世)

  ○○派 ○○○ ○대손

  ○○宅 ○○○ ○대손

- 넷째 칸 : 생년월일을 쓴다.

  四柱 甲子 乙丑 丙寅 丁卯

  原, ○○○○년 ○월 ○○일 ○○시 ○○분 生

  출생지 표시

● 다섯 째 칸 : 이름을 쓴다.
　名日 □○
　　□字: 글자의 뜻
　　○字: 글자의 뜻
　　이름 전체의 뜻 풀이
● 여섯째 칸 : 작명례 일자와 지은이의 이름을 쓴다.
　연호 ○○○○년 ○월 ○○일
　　　祖(父) 직급 호 名之
● 일곱째 칸 : 공란이다.
● 봉투 서식 : 앞면에만 쓴다.
　명첩(名帖) 본관 후인(后人) 성명

제5절 관례(冠禮)・성년례(成年禮)

1. 관례의 역사와 의미

　전통사회에서 남자들의 성년의식으로, 상투를 틀어 갓[冠巾]을 씌우는 여러가지 절차로서, 남자가 15세가 넘으면 관례를 행하였고 그때부터 한 사람의 성인으로 예우하였다. 한편, 여자는 쪽을 찌고 비녀를 꽂아주는 계례(笄禮)를 행하였다.

　이와 같은 관례 의식은 '가례'의 유입과 더불어 정착한 것으로 '가례' 유입 이전인 고려시대의 기록을 적은 『고려사』에는 광종의종예종 때에 왕태자의 관례를 행한 기록이 있다. 이로 보아 고려왕실에서도 유교식 관례를 행하였음을 알 수 있다. 조선시대 사대부 집안에서는 예서에 따라 관례를 행하였지만, 대부분의 경우에는 예서보다 간소하게 행해졌다.

　근래에는 1894년 갑오경장 이후 단발령이 내려져 머리를 깎았기 때문에 전통적 의미에서 관례는 사라지게 되었다. 다만 여자들의 계례만 남아 오늘날 전통 혼례에 흡수되어 있는 정도이다.

2. 관례의 절차

1) 택일(擇日)

『가례』나 『사례편람』에 의하면 남자는 15세에서 20세 사이에 관례를 행하였다. 이것은 15세 이상이 되어야 예(禮)를 알 수 있을 정도로 성숙 되었다고 생각했기 때문이다. 부모가 기년(朞年) 이상의 상중이 아니어야 한다. 즉 조부모나 백숙부의 상은 기년상(朞年喪)이기 때문에 이런 친족의 상중에는 관례를 행할 수 없었다. 또한, 대공복(大功服)을 입는 상을 당해서 아직 장사를 지내지 않았으면 관례를 할 수 없다고 하였다.

택일은 좋은 날짜를 가려서 예를 행하되, 여의치 않으면 정월에서 날을 정하라고 하였다. 그때를 놓치면 4월이나 7월 초하루에 하도록 했다. 그 이유는 관을 쓰는 것이 인도(人道)의 출발이기 때문이라는 것이다.

2) 준비

관례일 3일 전에 주인은 사당에 고하는데 이때 축문을 읽는다. 다음은 관례일 이전에 빈객을 청하는 절차이다. 관례에서 의식을 주관하는 사람은 빈객이다. 예서에는 종손의 친구 가운데 어질고 예법을 잘 아는 사람을 골라 빈객으로 삼도록 되어 있다. 그리고 관례일 하루 전에는 대청의 동북쪽에 휘장을 쳐서 관례를 올릴 장소를 마련하였다. 관례일이 되면 진설(陳設)를 하며 아침 일찍 관복(冠服)을 꺼내어 준비한다. 그 뒤 주인 이하 차례대로 서서 빈객을 기다린다. 빈객이 찬자(贊者)와 함께 도착하면 주인은 그를 맞아 방으로 안내한다.

3) 초가례(初加禮)

처음 행하는 예를 초가래 혹은 시가례라고 한다. 시가례는 빈객이 관자에게 읍을 하면서 시작된다. 관자는 쌍계(雙:쌍쌍투)를 하고 예복인 사규삼(四揆衫)에 늑백(勒帛)이라는 띠를 두르고, 채리(彩履:무늬있는 신)을 신고 자리에 나와 꿇어 앉는다. 옆에 시중을 하는 찬자가 관자의 머리를 빗겨 상투를 틀고 망건을 씌우면 주례가 치관(緇冠)을 들고 나와 관례자 앞에서 축사를 읽은 뒤, 치관과 계(笄)를 꽂고 건(巾)을 씌운다. 이어 찬자가 관자에게 띠를 둘러주면 관자는 방으로 들어가 사규삼을 벗고 심의(深衣)를 입으며, 큰 띠를 두른 다음 그 위에 조(絛:실로 된 흰 띠)를 더하고 검은 리[履:검은 신]를 신고 방에서 나와 남쪽을 보고 앉는다.

4) 재가례(再加禮)
관자가 정해진 장소에 앉아 있으면 빈객이 관례자 앞에 나와 축사를 한다. 찬자는 건을 벗기고 초립(草笠)을 씌운다. 이어 관자는 방으로 들어가 심의(深衣)를 벗고 조삼(皁衫)과 혁대(革帶)를 두르고 혜(鞋)를 신고 나온다.

5) 삼가례(三加禮)
관자가 정해진 자리에 꿇어앉으면, 빈객이 나아가 축사를 하고 찬자가 초립을 벗기면 빈객이 복두(幞頭)를 씌워 준다. 관자는 다시 방으로 들어가 조삼을 벗고 난삼을 입으며, 혁대를 두르고 신을 신고 나온다.

6) 초례(醮禮)
술을 마시는 의례이다. 관자가 정해진 자리에 남향하고 앉으면 빈객이 관자 앞으로 나아가 축사를 한다. 관자가 두 번 절하고 술잔을 받으면 빈객이 답례를 한다. 관자가 상 앞으로 나아가 잔을 상 위에 놓았다가 이것을 다시 들고 물러나 맛을 본 다음 찬자에게 주고 빈객에게 두 번 절하면 빈객이 답례한다.

7) 자관자례(字冠者禮)
관자에게 자를 지어주는 의식이다. 빈객과 관자가 마당으로 내려가서 빈객이 관자에게 자를 지어주고, 이어 자를 부를 때 축사를 한다. 관자가 간단한 답사하고 절하면,

빈객은 절을 받되 답례는 하지 않는다. 이상으로 관례는 모두 끝났으나 예서에 의하면, 주인이 관자를 데리고 사당에 가서 조상에 알리면서 고사(告辭)를 읽으면 관자는 두 번 절한다. 그런 다음 친척들과 빈객에게 두 번 절한 뒤 밖으로 나와 선생과 아버지의 친구들을 찾아다니며 절을 한다.

<관자의 복장과 준비물>

● 복장

명 칭	용 도
치포관(緇布冠)	두꺼운 종이를 발라 만든 검은 관
계(筓)	동곳. 상투를 튼 뒤에 풀어지지 않도록 꽂는 비녀
심의(深衣)	높은 선비의 웃옷. 흰 배로 만드는데 소매는 넓고 검은 비단으로 가장자리를 두름
대대(大帶)	심의에 두르는 띠
조(條)	실로 만들어진 흰 띠로 대대에 매는 실띠
이(履)	검은 명주나 가는 베를 써서 종이에 써 붙여서 만든 신
모자(帽子)	초립(草笠). 나이가 어린 소년으로 관례한 사람이 쓰던 누런빛깔의 가는 풀로 걸어서 만든 갓
조삼(皂衫)	청포(靑袍). 푸른 도포의 일종
혁대(革帶)	늑백(勒帛). 띠
혜(鞋)	가죽신. 꾸밈이 없는 신
복두(幞頭)	사모같이 두 단으로 되어 있고 뒤쪽에 좌우의 날개가 달렸음
난삼(襴衫)	녹색이나 검은빛의 단령에 각기 같은 빛의 선을 둘렀음
대(帶)	삼삼에 두루는 띠
화(靴)	신
즐(櫛)	빗

● 기타 준비물

명 칭	용 도
망건(網巾)	망건
포혜(脯醯)	포육과 육장
잔반(盞盤)	술 쟁반
주주(酒注)	주전자
관분(盥盆)	손을 씻는 대야
세건(帨巾)	수건

3. 계례(笄禮)

혼례 때 여자가 쪽을 찌어 올리고 비녀를 꽂는 의례를 말한다. 『사례편람』에 여자가 혼인을 정하면 계례를 행한다고 하였고, 혼인을 정하지 않았어도 여자가 15세가 되면 계례를 행한다고 하였다.

계례는 어머니가 중심이 되고 친척 중에서 어질고 예법을 잘 아는 부인을 주로 주례로 삼아 사흘 전에 청한다. 당일이 되면 날이 밝는 대로 의복을 준비하고 차례로 서서 기다리고 있다가 주례가 도착하면 주부가 나아가 맞아들인다. 주례가 계자에게 자(字)를 지어준다. 주인은 계자를 데리고 사당으로 가서 조상에게 고한 다음 손님을 대접하는 잔치를 베푼다.

이와 같이 『예서』에 있는 계례가 어느 정도 실행되었는지는 알 수 없으나 남자의 관례만큼 보편화되지는 않았으며 혼례 속에 흡수되어 실행되어 왔다. 혼례에서 가장 중요한 대례(大禮)가 신부집에서 행해지면 신랑이 신부집에 들어가는 것을 목격한 다음에야 머리를 빗기 시작하여 쪽을 틀고 비녀를 꽂는다. 보통 머리를 빗어 올리고 쪽을 트는 시간이 상당히 오래 걸리기 때문에 신랑이 전안지례(奠雁之禮)를 행하고 대례상 앞에 서서 반 시간 정도를 기다린다. 대례가 끝난 뒤에도 신부는 쪽두리와 댕기 그리고 원삼(圓衫)을 그대로 입고 있다가 신방(新房)에서 신랑이 벗겨주어야 한다. 즉, 계례로써 처음 머리를 올리며 신랑을 보게 되고, 신랑이 그것을 풀어 주는 것이 전통사회에서의 관습이었다.

4. 오늘날의 성년례

1) 성년례(成年禮)

성년례란, '어른 되는 의식'으로 유년기와 성년기를 일정한 의식을 통해 명확히 구분 지어줌으로써 개인의 의식 변화와 함께 성년에 걸맞는 행동의 변화까지도 자연스럽게 이끌어내어 사회 구성원으로 바른 몫을 해내도록 권고하는 절차이다. 오늘날에는 생활 풍습이 변화하여 상투를 틀고 관(冠)을 쓰거나 쪽을 지는 일이 거의 없어졌다. 따라서 관례나 계례의 명칭을 계속 사용하기에는 적합하지 않다는 이유로 '어른이 되는 의식'이라는 근본 뜻을 살려 '성년례'라는 명칭을 사용하게 되었다.

이러한 성년례는 과거 15세에서 20세 사이에 시행하였으나 오늘날에 와서는 법적으로 자기의 행위에 대해 책임을 질 수 있는 나이로 인정되는 만 20세를 기준으로 정하여 그 해의 성년주간(매년 5월 셋째 주)에 치르게 되었다.

특히 성년례의 활성화를 위하여 문화체육부에서는 1973년도 이후 매년 5월 셋째주 월요일 하루뿐인 성년의 날을 1997년부터는 성년 주간 5월 셋째 주간으로 설정하여 일주일 동안 확대 시행토록 하였다.

오늘날의 성년례는, 우리나라 전통 관례와 계례를 바르게 재현하여 이 의식을 통하여 문화적으로 그러나 교육적으로 바람직한 가치를 부여하고자 한다. 그리하여 미래의 주역인 청소년들로 하여금 성인으로서의 사회적 책임감을 일깨워 주는데 그 의의를 갖고자 한다.

현행 성년의 나이는, 2013년에 만 20세에서 19세로 바뀌었다가, 2018년 민법 개정으로 19세에서 만 18세로 바뀌었다. 이 개정은, 법적인 성인으로 인정되는 나이를 낮추어 청소년들에게 더 많은 권리와 책임을 부여하기 위한 목적이었다.

2) 성년례에 쓰이는 문안

초가례 축사

> 길한 달 좋은 날에 성년이 되었음을 축하하니 이제부터는 어린 마음을 버리고 성인의 덕을 지녀야 합니다. 그러면 건강하게 오래도록 하늘에 큰 복을 받게 될 것입니다.

재가례 축사

> 이제부터는 성인이 되었으니 항상 몸가짐을 삼가야 합니다.
> 성심으로 가정을 보살피고 어버이께 효도하여 밝은 가정, 밝은 사회를 여러분의 힘으로 이루도록 하십시오.

삼가례 축사

> 사랑으로 남을 돕고 믿음으로 벗을 사귀며 열심히 배우고 부지런히 일해서 날마다 날마다 자신을 새롭게 하여야 합니다.

츠례 축사

> 술은 향기롭지만 과음하면 실수하기 쉽고 몸에 해가 되니
> 항상 분수를 지켜 몸에 알맞도록 마셔야 합니다.

수훈 축사

선현께서 말씀하시기를, 집에서는 효도하고 밖에서는 윗사람에게 공손하며 항상 배움으로 임할 때 인생에 보탬이 되나니, 착한 일과 더불어 항상 마음을 깨끗하게 하고 의리를 지키며 불의를 보고 용감하게 맞설 때 주위에 칭송을 받을 수 있으니 평생을 이와 같이 살아야 합니다.

성년 선언

이제 모든 예의를 다 갖추었으니 성인이 되었습니다. 이 좋은 날에 교훈을 주었으니 소중하게 지니고, 이에 합당한 훌륭한 행동을 실천하기 바랍니다.

이상의 여섯가지 문안들은 모두 족자로 제작하여 성년례 진행 시 큰손님이 들고 차례대로 낭독하도록 한다. 이 가운데 특히 '수훈'은 큰손님이 사용할 족자 이외에 별도로 성년자의 수요만큼 인쇄하여 상장 케이스 등에 넣어 수훈례가 끝난 직후 성년자에게 직접 전달하여 교훈의 글귀를 성년자가 평생 보관하도록 한다.

제6절 혼인례(婚姻禮)

1. 혼례(昏禮)의 의미

혼인이란 이성(二性)의 결합으로 두 사람이 완전한 인격을 갖춘다는 뜻이다. 즉 남녀 두 사람이 평생을 함께 살고 같이 할 관계를 맺어 백년해로 한다는 것이다. 따라서 이는 자연발생이 아닌 하나의 제도이고 관례인 것이다.

옛날에는 남자와 여자가 짝을 지어 부부가 되는 일은 양(陽)과 음(陰)이 만나는 것이므로 그 의식의 시간도 양인 낮과 음인 밤이 만나는 날이 저무는 시간에 거행했기 때문에 '날 저물 혼(昏)'자를 써서 혼례(昏禮)라 했다.

2. 혼례(昏禮)와 결혼(結婚)

남녀가 만나 부부가 되는 것은 혼인(婚姻)이라 한다, 혼(婚)은 남자가 장가든다는 뜻이고, 인(姻)은 여자가 시집간다는 뜻이므로 혼인은 남자가 장가들고 여자가 시집간다는 뜻이다. 그러므로 우리나라 헌법이나 민법에서도 혼인이라 한다. 결혼은 남자가 장가든다는 뜻만 있어 잘못된 말이다. 그러므로 혼인이라 말해야 바른 것이다. 결혼을 혼인이라고 개정한 민법은 2007년 12월 21일, 대한민국 법률 제8720호로 공포했다.

3. 혼인(婚姻)의 정신

혼인예식에는 두 가지의 정신이 구현되어야 한다.

1) 삼서정신(三誓精神)

서부모(誓父母) : 나를 존재하게 한 조상과 부모에게 서약한다.

서천지(誓天地) : 천지신명(天地神明)에게 서약한다.

서배우(誓配偶) : 서로 부부가 되는 배우자에게 서약한다.

2) 평등정신(平等情神)

"혼인이란 남자와 여자가 몸을 합하는 데에 참뜻이 있다. 남녀가 몸을 합해 부부가 되면 남편이 높으면 아내도 높고, 남편이 낮으면 아내도 낮다(婚姻則 男女合之義 男女合禮則 男卑則女卑)."고 했다. 혼인하기 전에는 신분이나 나이에 차별이 있더라도 부부가 되면 평등한 것이다. 그러므로 부부는 서로 존대말을 쓰고 절하는 것이다.

4. 혼인의 조건

1) 혼인할 남자는 동성동본(同姓同本)이 아니어야 한다.

우리나라는 옛날부터 동성동본간의 혼인을 금지했고, 이는 어길 수 없는 혼인윤리(婚姻倫理)이다.

2) 혼인 연령은 남녀 모두 만 18세 이상이어야 한다.

현재 우리나라에서는 2021년 민법으로 개정하기를 부모 허락 없이도 남녀의 나이가 만 18세 이상이면 혼인할 수 있다고 했다.

3) 근친의 상중(喪中)이어서는 안 된다.

혼인은 즐거운 일이므로 슬픔에 젖어 근신하는 기간에는 혼인하지 않는다. 옛날에는 4촌 이내 근친의 상복을 입는 기간에는 혼인하지 않았다.

5. 혼인의 절차

1) 우리나라의 전통혼인례(傳統婚姻禮)

　혼인례에 주자가례를 숭상하면서도 우리는 "육례를 갖춘다"고 말했는데 그것은 우리의 전통관습에 의한 혼인절차가 육례로 되었기 때문이다.

① **혼담**(婚談) : 남자측에서 여자측에 청혼(請婚)하고, 여자측이 허혼(許婚)하는 절차다.

② **납채**(納采) : 남자측에서 여자측에 혼인을 정했음을 알리는 것으로, 신랑의 생년월일시를 적은 사주(四柱)를 보내는 절차다.

③ **납기**(納期) : 여자측에서 남자측에 혼인 날짜를 정해 알리는 것으로, 혼인 날을 택일(擇日)해 보내는 절차다.

④ **납폐**(納幣) : 남자측에서 여자측에 예물을 보내고 받는 절차다.

⑤ **대례**(大禮) : 신랑이 신부집에 가서 부부가 되는 의식을 행하는 절차다.

⑥ **우귀**(于歸) : 신부가 신랑을 따라 시댁(媤宅)으로 들어가는 절차다.

2) 주육례(周六禮)

　혼인하는 것을 '육례를 갖춘다'고 말하는데 그것은 일정한 절차를 거쳐야 한다는 말이다. 그리고 육례는 중국 주(周)나라 때의 혼인 절차이다.

① **납채**(納采) : 남자측에서 여자측에 아내 삼기로 했다는 뜻을 전하는 것이다.
　　　　　　　남자측에서 신부 될 규수의 어머니가 누구인가를 묻는 것이다.

② **문명**(問名) : 딸은 어머니가 가르치는 것이기 때문에 어머니가 누구인가를 알면 신부 될 딸을 알 수 있기 때문이다.

③ **납길**(納吉) : 남자측에서 여자측에 혼인하고자 하는 뜻을 전하는 것이다.

④ **납징**(納徵) : 남자측에서 혼인하기로 결정한 징표로 물건을 보내는 것이다.

⑤ **청기**(請期) : 남자측에서 여자측에 혼인 날짜를 정해달라고 청하는 것이다.

⑥ **친영**(親迎) : 남자가 신부집에 가서 신부 될 규수와 예식을 올리는 절차이다.

3) 주자사례(朱子四禮)

중국 송(宋)나라 학자 주희(朱熹)가 주육례는 번잡하다면서 4가지로 축소한 절차가 주자가례(朱子家禮)의 혼례이다.

① 의혼(議婚) : 남자측과 여자측이 혼인할 것을 의논하는 절차이다.
② 납채(納采) : 남자측에서 여자측에 며느리 삼기로 결정하였음을 알리는 절차이다.
③ 납폐(納幣) : 남자측에서 여자측에 예물을 보내는 절차이다.
④ 친영(親迎) : 남자가 신부집에 가서 규수와 예식을 올리는 절차이다.

6. 현대 혼인의 절차

1) 의혼(議婚)

맞선을 보았거나 당사자들의 교제가 있었다 하더라도 부모님께 말씀을 드리면 양가부모는 예비신랑과 신부의 건강진단서, 호적등본, 주민등록증, 최고학부 졸업증명서, 재직증명서, 사진 등의 서류를 양가에서 충분히 검토하여 청혼서와 허혼서를 주고받는다.

2) 사주(四主)

납채라고 하며 신랑의 생년월일과 시(時)를 한지에 써서 신부집으로 보내는 것으로 혼인을 청하는 의식이다.

3) 택일(擇日)

연길이라 하고 사주를 받은 신부집에서 여자의 생리 기일을 고려하여 혼인 날짜를 결정하여 신랑집에 보내는 것을 말한다.

4) 납폐(納幣)

'함 보내기'라고 하는데 혼례식 전에 혼서(婚書)와 신부용 혼수(婚需) 및 물목을 함에 넣어 신부집에 보내는 것을 말한다.

5) 예식(禮式)

대례에 해당하는데 신랑 신부의 어머니가 동쪽의 홍초와 서쪽의 청초에 불을 밝혀 신랑 신부의 앞길을 인도하는 점촉을 시작으로 혼인식이 시작된다.

신랑과 신부의 입장과 신랑이 신부댁에 가서 인사하는 전통혼인례의 전안례(신랑이 신부 어머니께 기러기를 드리는 의식으로 평생 함께하겠다는 신표)와 신랑 신부의 맞절[교배례(交拜禮)]과 혼인서약 서명[서배우례(誓配偶禮)], 성혼선언문 낭독으로 큰손님의 교훈을 듣고 참석하신 손님께 인사드리며 예식을 마친다.

6) 폐백(幣帛)

이것은 전통관습 혼례의 현구고례(見舅姑禮)로서 신랑과 신부가 첫날밤을 치러 몸을 합친 후에 폐백을 드려야 하나, 요즘은 편의 위주로 폐백례를 예식장에서 많이 한다. 시아버지께는 밤과 대추를 드리는 것은 조심스럽게 살겠다는 의미이고, 시어머니께 드리는 육포는 정성으로 섬기겠다는 의미를 내포하고 있다.

폐백은 시댁 가족들에게 첫인사를 드리는 의식이므로 지나치게 신랑 신부를 중심으로 사진을 찍는 것은 폐백의 원래 의미에 어긋나므로 조심한다.

7) 신혼여행(新婚旅行)

이것은 고례의 합궁, 전통관습 혼례의 첫날밤과 같은 의미이며 혼인의 궁극적인 목적인 몸을 합치는 의식절차이다.

8) 우귀(于歸)

신랑과 신부가 신혼여행지에서 돌아와 시댁으로 들어가는 것을 말한다. 이때 이바지 음식을 준비하는데 본래 시댁의 사당에 새사람이 왔음을 고하는 제를 위해 신부댁에서 마련해 가지고 가는 음식이다.

요즘에는 신혼여행을 다녀와 신부가 시댁어른께 인사를 고하며 처음 차려드리는 음식으로 신행음식이라고도 한다. 신부집에서만 사돈댁에 음식을 보내는 것이 아니라 신랑집에서도 신부가 '근친(覲親)'이라 하여 친정에 갈 때는 음식을 해서 보낸다.

7. 납채(納采)・납폐(納幣) 서식

납 채 서

혼인을 허락하시는
가명을 받자옵고
저 김**은
선인의 예를 취하여
삼가 경첩을 드림으로
납채의 의식에 가름합니다.
살펴주시기 바랍니다.

**년 **월 **일
강진사댁 입납

납 채 답 서

가명을 받잡고 경첩을
주시오니 저 김**는
감히 사양하겠습니까.
삼가 받자옵니다.

엎드려
고마움을 전하옵니다.

**년 **월 **일
김판서댁 입납

납 폐 서

귀댁의 고마우신 뜻으로
따님을
안산 후인 김**의
자식 **과 짝지어 주실
것을 허락하심을 감사히
받잡고 저 **은 선인의
예를 취하여 납징의 예를
행하오니 살피시옵기
바랍니다

**년 **월 **일
강진사댁 입납

납 폐 답 서

고마우신 뜻으로 선인의 법도를
훌륭하게 받으시어
중례로써 내리심을 받겠습니다.
딸자식은 부족하고 또한
잘 가르치지도 못하였는데
어른께서 명하시니
저 ***은 감히 사양치 못합니다.
삼가 엎드려
받잡겠습니다.

**년 **월 **일
김판서댁 입납

* 전통혼례나 신식 혼례나 모두 약혼, 함, 시부모 뵙는 절차는 같다.

K-생활예절

8. 사주(四柱) 서식 사주 봉투

<사주 서식>

甲子 內寅 戌辰 庚子

가로 : 30~40cm, 세로 : 20~30cm

<사주 봉투>

(앞) 四星

(뒤) 謹 封

가로 : 7~9cm, 세로: 20~30cm

9. 혼서지(婚書紙) 혼서지 봉투

<혼서지>

혼서지
귀댁의 고마우신 뜻으로
따님을
관산후인 김**의 자식
**과 짝지어 주실 것을
허락하심을 엎드려 받잡고
저 **는 선인의 예를 취하와
검은비단 세끗 붉은비단 두끗슬
사람을 시켜 남징케하오니
살피시옵기
엎드려 비옵니다
**년 **월 **일
강진사댁   입납

가로 : 60~70cm, 세로: 40~50cm

<혼서지 봉투>

(앞) (뒤)

謹封

謹封

謹封

가로 : 7~9cm, 세로 : 40~50cm

10. 오늘날의 혼인풍습과 혼례절차의 문제점

1) 혼인식장의 초
2) 신랑 신부의 위치(남좌여우)
3) 신부 입장
4) 어머니 한복(색깔)
5) 현구고례(폐백)
6) 남녀 평등의 가치관 문제
7) 물질과 형식 위주의 사치성 문제

제7절 수연례(壽筵禮)

1. 수연례의 의미

수연례란 어른의 생신에 아랫사람이 상을 차리고 술을 올리며 오래 사시기를 바라는 의식이다. 고례에는 수연례란 말이 없고 헌수가장례(獻壽家長禮)라 했다.

2. 수연례의 종류

아랫사람이 태어난 날은 생일이라 하고 윗어른의 생일은 생신이라 한다. 윗어른의 생신에 자제들이 술을 올리며 장수를 비는 의식이 수연(壽筵)이므로 아랫사람이 있으면 누구든지 수연례를 할 수 있는 것이다.

그러나 사회 활동을 하는 아들이 부모를 위해 수연 의식을 행하려면 어른의 나이가 50세는 되어야 할 것이므로 이름 있는 생일은 51세부터이고 구태여 종류를 나누면 다음과 같다.

① 망육순 :
　(望六旬)
51세 때의 생신이다. 옛부터 20안 자식이요. 30안 재물이라 했다. 자기가 난 아들이 앞가림을 해서 부모의 생신을 챙기려면 부모가 50세는 되어야 한다. 그래서 51세를 중요시 했다.

② 육순 (六旬) :
60세 때의 생신이다. 육순이란 열이 여섯이란 말이고, 육십갑자를 모두 누리는 마지막 나이이다.

③ 회갑·환갑:
　(回甲·還甲)
61세 때의 생신이다 60자를 다 지내고 다시 낳은 해의 간지가 돌아왔다는 의미이다.

④ 진갑(進甲) :
다시 60갑자가 펼쳐져 진행한다는 의미이다. 62세 때의 생신이다.

⑤ 미수(美壽) :
66세 때의 생신이다. 옛날에는 66세의 미수를 별로 의식하지 않았으나 77세 88세 99세와 같이 같은 숫자가 겹치는 생신을 이름 붙이면서 66세를 지나칠 수는 없는 것이다.

또한 현대 직장의 대부분 만 65세를 정년으로 하기 때문에 66세는 모든 사회 활동이 성취되어 은퇴하는 나이이면서도 아직은 기운이 있으니 참으로 아름다운 나이이므로 '미수'라 하고 또 美자는 六十六을 뒤집어 쓰고 바로 쓴 글자이어서 그렇게 이름 붙였다.

⑥ 칠순·희수·고희 :
　(七旬·稀壽·古稀)
70세 때의 생신이다. 희수는 옛 글에 "사람이 70세까지 살기는 드물다"에서 유래된 것이다. 너무 오래 살았다는 의미이므로 자손이 말하기에는 죄송한 표현이다. 따라서 안 쓰는 것이 좋다. 열이 일곱이라는 뜻인 칠순이 더 좋다

⑦ 희수(喜壽) :
77세 때의 생신이다. '喜'자를 초서로 쓰면 七十七이 되는 데서 유래되었다.

⑧ 팔순(八旬) :
80세 때의 생신이다. 열이 여덟이라는 말이다. 산수(傘壽)라고도 한다. 산(傘)자에는 八과 十이라는 글자가 들어 있어서 쓰는 말이다.

⑨ **미수(米壽) :** 88세 때의 생신이다. '米'자가 八十八을 뒤집고 바르게 쓴 데서 유래되었다

⑩ **구순·졸수 :** 90세 때의 생신이다. '卒'자를 초서로 쓰면 九十이라 쓰여지는 데서
　(九旬·卒壽) 졸수라 하는데 '卒'이란 끝나다, 마치다의 뜻이므로 그만 살라는 의미가 되어 아랫사람으로서는 입에 담을 수 없다. 오히려 열이 아홉이라는 구순이 좋다.

⑪ **백수(白壽) :** 99세 때의 생신이다. '百'자가 '一(하나)'를 뺀 글자이기 때문에 99로 표현하는 재미있는 말이다.

⑫ **기수(期壽) :** 00세 때의 생신이다. '期'는 돌기, 백년기라고 해서 100살을 말하는 말이다. 100세를 기이(期)라고도 한다.

제8절   상장례(喪葬禮)

1. 상장례(喪葬禮)의 의미

　상장례란 사람이 죽음을 맞고 그 주검을 갈무리해 장사 지내며 근친들이 일정기간 슬픔을 다해 죽은 이를 기리는 의식 절차를 말한다. 출생이 일생의 통과의례 가운데 시작 의례라면 죽음은 마지막 의례이다.
　상례의 의미를 옛 예서에서 보면 "소인(小人)의 죽음은 육신이 죽은 것이기 때문에 사(死)이고, 군자(君子)의 죽음은 도(道)를 행함이 끝나는 것이기 때문에 종(終)이라 하는데 시와 종의 중간을 택해 없어진다는 뜻인 상(喪)을 써서 상례(喪禮)라 한다"고 했다.

　상장례는 운명에서 치장을 할 때까지의 예절이고 제례는 고인을 추모하여 올리는 제사이다. 『길례吉禮』에는 치장(治葬:죽음에서 묘지에 매장하는 기간)을 "천자(天子)는 9월이장(九月而葬)이요, 대부(大夫)는 3월이장이요, 사서인(士庶人)은 유월이장(踰月而葬:임종한 달의 그믐을 넘겨서 장사하는 장례)"이라고 하였으나 요즘에는 3일장, 길어야 5일장이 일반적이라 하겠다.
　옛 예절에 따른 상중의 제례는 장례를 치른 날부터 시작해서 상복을 벗고 사당에 모신 신주의 위패를 고쳐 쓸 때까지의 제례를 말한다. 곧 초우(初虞), 재우(再虞), 삼우(三虞), 졸곡(卒哭), 부제(祔祭), 소상(小祥), 대상(大祥), 담제(禫祭), 길제(吉祭)의 아홉 번의 제례가 있다.

 옛날에는 상을 당하면 사흘 동안을 굶기 위해 음식을 만들지 않았으므로, 친지들이나 이웃집에서 초상집에 미음과 죽을 쑤어 동이에 담아 이고 가서 상주에게 먹도록 권했던 풍속이 있었다. 상례에 따르는 음식은 상례 중에 올리는 전과 조석상식, 사잣밥(使者飯) 등이 있다.

2. 상례(喪禮)의 절차

1) 운명 첫째 날
· 초종(初終) : 사람이 죽게 되면 죽음을 알리는 부고(訃告)를 보내는 절차이다.
· 습(襲) : 죽은이를 목욕시킨후, 수의를 입히고 죽은이를 표시하는 명정(銘旌)을 써서 세우는 절차이다.

2) 둘째 날
· 소렴(小斂) : 죽은이를 작은 이불로 싸서 묶고, 살았을 때 상을 차려서 올리듯이 전(奠)을 올리는 절차이다.

3) 셋째 날
· 대렴(大斂) : 죽은이를 큰 이불로 싸서 묶은 다음 관(棺)에 넣고, 임시로 관을 모시는 초빈(草殯)을 마련하는 절차이다.

4) 넷째 날
· 성복(成服) : 죽은이의 근친들이 각기 정한 상복을 입고, 상복을 입은 복인(服人)끼리 죽음을 슬퍼하는 조상(弔喪)을 하며 손님의 조문(弔問)을 받는 절차이다.

5) 운명 후 30일부터 100일 사이
· 치장(治葬) : 묘지를 골라 죽은이를 매장(埋葬)하는 절차이다.

3. 상례의 음식

1) 설전(設奠)

죽은 사람이라도 밥 먹을 때에 그대로 지나칠 수 없는 것이 우리의 인지상정이다. 그래서 아침 저녁에 시신의 오른쪽 어깨 옆에 상을 차려 올리는데 이것을 설전이라 한다. 밥, 국, 찬과 함께 포, 과일, 술을 올리는데 밥, 국, 찬 등 상하기 쉬운 것은 차렸다가 잠시 뒤에 치우지만 과일, 포, 술은 새로 전을 올릴 때까지 두었다가 교환한다.

2) 사잣밥

상가의 대문 앞에 저승사자를 대접하기 위해 밥 세 그릇, 찬, 짚신 세 켤레, 돈 등을 차리는 것을 사잣밥이라 하는데 근래에는 거의 차리지 않는다. 저승사자는 보통 세 명이라 하여 모두 세 그릇씩 차린다. 찬으로는 간장, 된장만 차리고 밥과 찬은 요기하고, 짚신은 먼 길에 갈아 신으라고 준비한다.

간장을 차리는 까닭은 사자들이 간장을 먹으면 목이 말라 물을 자주 찾게 되고, 그래서 물을 마시러 되돌아올 때 죽은 이도 함께 돌아오기를 바라는 마음 때문이다.

3) 조석 상식

죽은 조상을 섬기되 살아계신 조상 섬기듯 한다는 의미에서 아침 저녁으로 올리는 음식이다. 상례 중에는 물론 장사를 치른 뒤 탈상까지 조석 상식을 올린다. 차림은 밥과 국, 김치, 나물, 구이, 조림 등의 찬으로 차린다.

4) 조문객 접대 상차림

장례가 있게 되면 멀고 가까운 데서 많은 사람들이 모여 긴 시간을 보내게 되므로 이들 조문객을 위해 음식을 장만하는 일은 상례 때의 큰 일 가운데 하나이다. 이때의 차림은 주로 밥, 육개장 또는 생태장국이고 그렇지 않으면 장국밥을 차린다. 여기에 나물, 생선조림, 편육, 떡, 과일, 술 등을 곁들인다.

4. 상중제례(喪中祭禮)

1) 우제(虞祭)
죽은이를 묘지에 매장한 날에 초우(初虞), 그 다음 날이나 다음 다음날에 재우(再虞), 재우 다음날에 삼우(三虞), 모두 세 번을 지낸다.

2) 졸곡(卒哭)
죽은 날로부터 약 100일이 되며 삼우제를 지낸 다음에 날을 골라 지낸다.

3) 부제(祔祭)
졸곡을 지낸 다음 날 죽은이의 신주(神主)를 조상의 신주 앞에 붙이는 제사이다.

4) 소상(小祥)
죽은 날로부터 1년 만에 지낸다.

5) 대상(大祥)
죽은 날로부터 2년 만에 지낸다. 상복을 벗고 소복(素服)을 입는다.

6) 담제(禫祭)
대상을 지낸 다음 다음달에 날을 골라 소복을 벗고 평상복을 입는 제사를 지낸다.

7) 길제(吉祭)
담제를 지낸 다음날 사당의 신주를 고쳐 쓰는 제사를 지낸다.

5. 상복의 종류와 기간

죽은이와 8촌 이내에 드는 근친은 험한 상복(喪服)을 지어 입고, 각기 정해진 기간 복상(服喪)을 한다.

1) 참최복 3년(斬衰服三年)

얽은 삼베로 짓고 단(가위로 옷감을 자른 가장자리)을 꿰매지 않은 상복을 입고 대나무 지팡이를 짚는다. 입는 기간은 24개월이다. 주로 아버지의 상에 아들, 며느리, 딸이 입는다.

2) 자최복 3년(齋衰服三年, 재(齋)의 소리는 '자'이다)

얽은 삼베로 짓고 단을 꿰맨 상복을 입고 오동나무나 버드나무로 만든 지팡이를 짚는다. 입는 기간은 24개월이다. 주로 어머니의 상에 아들, 며느리, 딸이 입는다.

3) 자최복 장기(齋衰服杖朞)

상복은 자최복과 같고 버드나무와 오동나무로 만든 지팡이를 짚는다. 입는 기간은 24개월이다, 주로 죽은이의 남편, 아버지는 살아있는데 죽은 어머니의 상에 아들, 며느리, 딸이 입는다.

4) 자치복 부장기(齋衰服不杖朞)

상복은 자최복과 같고 지팡이를 짚지 않는다. 입는 기간은 12개월이다. 죽은이의 손자, 조카, 형제가 입는다.

5) 자최복 5월(齋衰服五月)

상복은 자최복과 같고 지팡이를 짚지 않는다. 입는 기간은 3개월이다. 죽은이의 증손자가 입는다.

6) 자최복 3월(齋衰服三月)

상복은 자최복과 같고 지팡이를 짚지 않는다. 입는 기간은 3개월이다. 죽은이의 현(玄·高)손자가 입는다.

7) 대공 9월(大功九月)

상복은 성근 삼베로 짓고 지팡이를 짚지 않는다. 입는 기간은 9개월이다. 죽은이의 4촌 형제자매가 입는다.

8) 소공 5월(小功五月)

상복은 굵은 삼베로 짓고 지팡이를 짚지 않는다. 입는 기간은 5개월이다. 죽은이의 증손자 당질(종질) 6촌 형제자매가 입는다.

9) 시마 3월(緦麻 3月)

상복은 고운 삼베로 짓고 지팡이를 짚지 않는다. 입는 기간은 3개월, 사위 재당질 8촌 형제자매 이종 내·외종이 입는다.

6. 고례 상례의 문제점

고례에는 운명한 날로부터 장례까지의 기간이 빨라도 30일[踰月葬], 늦으면 100일[三月葬]이었으나 현대는 교통·통신의 발달로 그렇게 늦출 필요가 없다. 고례에는 농경생활이 주였기 때문에 상복을 입는 기간이 최장 만 2년이었고 그 기간에는 일체 다른 일[生業]에 종사할 수 없었다. 그러나 현대는 그 기간이 길뿐 아니라 사회활동을 하지 않을 수 없다. 고례에는 의례가 복잡하였으나 현대인은 이해하기 어렵고 그 복제로는 사회활동에 지장이 많다. 고례의 모든 상례제도는 걷는 생활에 맞추어졌으나 현대는 교통수단의 발달로 단축해도 지장이 없다. 그래서 고례의 상례제도의 정신을 계승하면서도 오늘에 맞는 새로운 상례제도가 필요하다.

7. 제례(祭禮)의 의미

제례란 죽은 조상을 추모하여 지내는 의식이며 신명(神明)을 받들어 복을 빌고자 하는 의례이다. 선조(先祖)가 제사의 대상으로 인식되기 시작한 것은 내가 있게 된 것이 조상에서 비롯되었다는 것을 인식한 뒤부터라고 한다.

우리나라에서 조상을 숭배하는 사상은 이미 삼국시대 초기부터 있었으나 보편화된 시기는 중국에서 유학이 들어오고 부터이다. 조상에 대한 제례가 가장 발달한 시기는 조선 중기 이후이며 따라서 조선시대를 제기문화(祭器文化)라고 한다.

1) 제례의 종류

제례의 종류에는, 시조제(始祖祭), 기일제(忌日祭), 차례(茶禮), 사당제(祠堂祭)와 시제(時制), 천신례(薦新禮)가 있으며 선조제(先祖祭), 이제(邇祭), 세일사(歲一祀), 산신제(山神祭) 등이 있다.

2) 제례의 음식과 종류

초첩(醋牒) : 식초를 종지에 담는다.

메(飯) : 밥을 말하며, 반기에 수북하게 담아 뚜껑을 덮는다.

갱(羹) : 쇠고기와 무를 네모반듯하게 썰어 함께 끓인 국이다. 갱과 메는 차례상에는 올리지 않는다. 대신 명절의 특식으로 정초에는 떡국을 추석에는 송편을 올린다.

면(麵) : 국수를 삶아 건진 것으로 반기에 담아 뚜껑을 덮는다.

편(餅) : 떡을 말한다. 대개 거피팥고물, 녹두 고물, 검은깨 고물을 얹어 찐 찰편, 멥쌀 편 등을 편대에 괴어 올린다.

편청(餅淸) : 떡을 찍어 먹기 위한 조청으로 종지에 담아 떡 그릇 수대로 놓는다.

적(炙) : 육적(肉炙), 어적(魚炙), 소적(素炙)의 세 가지를 만들어 술을 올릴 때마다 바꾸어 올린다.

적염(炙鹽) : 적을 찍어 먹기 위한 소금이다.

숙채(熟菜) : 도라지, 고사리, 배추나물을 한 접시에 곁들여 담는다.

침채(沈菜) : 나박김치를 희게 담아 쓴다.

과실(果實) : 생과와 조과를 종류별로 각각 그릇에 괴어 담는다. 복숭아는 쓰지 않으며, 밤은 생률 치기를 하고 다른 과일은 아래위를 도려낸 다음 꼭지가 위로 가도록 담는다.

전 : 육전(肉煎), 어전(魚煎) 등이 있다.

초장 : 초장은 간장에 초를 탄 것으로 전을 찍어 먹기 위한 것이다.

청장(淸醬) : 술을 말하며 대개는 약주를 병에 담아 마개를 막는다.

숙수(熟水) : 찬물에 밥알을 조금 풀어 만든 일종의 숭늉으로 시위(尸位) 수대로 그릇에 담는다.

포(脯) : 어포와 육포를 말한다. 직사각형의 접시에 포개어 담되 어포는 등이 위로 가도록 담는다.

해(醢) : 생선젓으로 대개는 소금에 절인 조기를 쓴다. 해는 정식 제례에만 쓰고 차례에는 식혜를 쓴다.

혜(醯) : 밥알을 삭혀 만든 식혜로 건더기만을 둥근 접시에 담는다.

탕 : 육탕(肉湯), 어탕(魚湯), 소탕(素湯)의 세 가지가 기본이다.

제수를 준비할 때 털난 과일, 비늘 없는 생선, 고춧가루와 파·마늘은 쓰지 않는다. 그리고 준비한 제수는 정성을 다하여 모셔야 하므로 제상에 올리기 전에 자손이 먼저 먹어서는 안 된다.

※ 진설의 관행

고비각설(考妣各設) : 내외분이라도 상을 따로 차리는 것이 원칙이다.

시접거중(匙楪居中) : 수저를 담은 그릇은 신위의 앞 중앙에 놓는다.

잔서초동(盞西醋東) : 술잔은 서쪽에 놓고 초첩은 동쪽에 놓는다.

반서갱동(飯西羹東) : 메(밥)는 서쪽이고 갱(국)은 동쪽이다.

적접거중(炙楪居中) : 적(구이)은 중앙에 놓는다.

어동육서(魚東肉西) : 생선은 동쪽이고 고기는 서쪽에 놓는다.

면서병동(麵西餠東) : 국수는 서쪽이고 떡은 동쪽에 놓는다.

서포동해(西脯東醢)·혜(醯) : 포는 서쪽이고 생선젓과 식혜는 동쪽에 놓는다.

숙서생동(熟西生東) : 익힌 나물은 서쪽이고 생김치는 동쪽에 놓는다.

천산양수(天産陽數) 지산음수(地産陰數) : 하늘에서 나는 것은 홀수, 땅에서 나는 것은 짝수이다.

합설과 각설 : 고례에는 고비각설(考各設)이었으나 현대는 모두 고비합설(考合設)을 한다.

두미와 방향(頭尾方向) : 제수 중 머리와 꼬리가 있는 제수를 놓는 방법은 예서에 명시되지 않았으나 성균관(成均館)의 석전대제(釋奠大祭) 때는 머리는 동쪽을 향하고 꼬리는 서쪽이므로 동두서미(東頭西尾)로 한다.

배복의 방향(背腹方向) : 계적어적조기젓생선포 등과 배가 있는 제수는 바르게 놓을 때는 등이 위로 가고, 뉘어 놓을 때는 배가 신위 쪽으로 가게 놓는다.

과일의 위치(果實位置) : 고례에는 과일별 위치가 명시되지 않았는데 이유는 계절과 지방에 따라 과일이 다르기 때문이다. 대체로 가가례에 따르는 것이 좋다.

홍동백서(紅東白西) : 붉은색 과일은 동쪽에 놓고 흰색 과일은 서쪽에 놓는다.

동조서율(東棗西栗) : 대추는 동쪽이고 밤은 서쪽에 놓는다.

조율시이(棗栗柿梨) : 서쪽에서부터 대추밤감배로 놓기도 한다.

기제(忌祭) 진설도
조상이 돌아가신 날에 올리는 제사

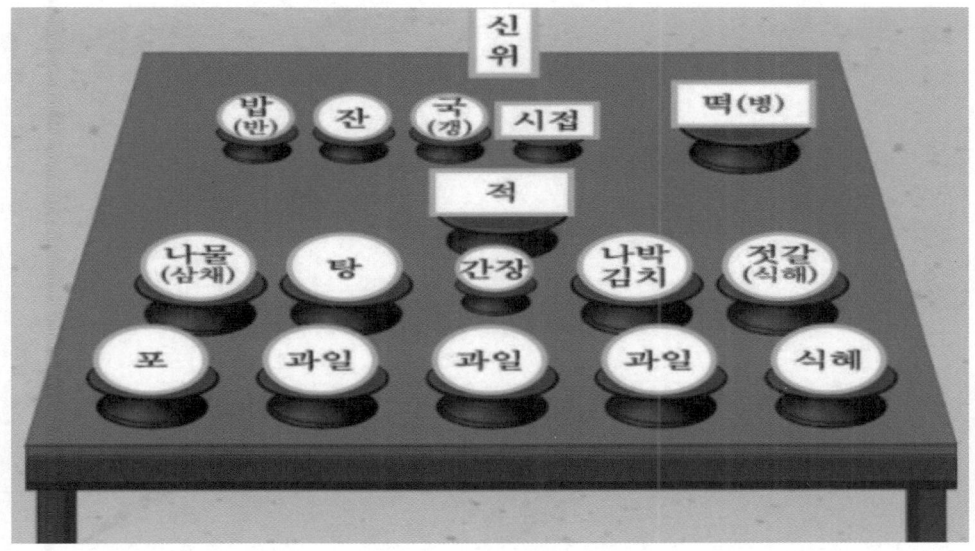

성균관의례정립위원회
'전통 제례 보존 및 현대화 권고안'의 기제 진설도(2024)

3) 음복(飮福)

음복은 제사에 참례한 자손들이 제수를 나누어 먹으며 조상의 음덕을 기리는 것으로 제례의 한 절차이다. 예로부터 제천 의식을 행할 때 음복을 함으로써 제사를 모신 사람과 받는 사람이 신인합일(神人合一)·신인융합(神人融合)을 이룰 수 있다는 생각에서 비롯되었으며 한편으로는 음식을 나누어 먹으면서 소속감을 다지는 기회가 된다.

제5장
세시풍속(歲時風俗)

제1절   세시풍속(歲時風俗)

　세시풍속이란 일정한 여건하의 생활권에서 계절과 연관되어 매년 반복되어 행해지는 민속(民俗)을 말한다. 지리, 기후, 생업이 같은 사람들은 생활 습관이 같아지고, 자연히 토속적인 신앙 대상과 방법이 같으며, 아울러 언어와 사고도 같기 때문에, 그들이 행하는 행위, 놀이, 음식 등도 같아지는데 그것이 집중적으로 행해지는 시기는 명절(名節)을 중심으로 한다.

　우리나라의 세시풍속은 1432(세종.14)년에 완성된 신찬팔도지리지(新撰八道地理志)를 거듭 증보(增補)하여 1530년(중종.25)에 간행한 신증동국여지승람(新增東國輿地勝覽)과 1669년(현종.10)에 민주면(閔周冕)이 쓴 동경잡기(東京雜記), 1819년(순조.19)에 김매순(金邁淳)이 쓴 열양세시기(列陽歲時記), 1849년(헌종.15)에 홍석모(洪錫謨)가 쓴 동국세시기(東國歲時記)에 소개되어 있다.

　신증동국여지승람은 각 지방을 중심으로 썼고, 동경잡기는 경주(慶州)를 중심으로 썼으며, 열양세시기는 서울의 풍속을 주로 썼는데, 동국세시기는 매년 정월(正月)부터 섣달(12月)까지의 우리나라 전체 세시풍속을 날짜순으로 썼다. 그러므로 우리나라의 세시풍속을 가장 쉽게 알기 위해서는 동국세시기를 보는 것이 좋다.

제2절 계절·명절과 풍속(風俗)의 관계

　세시풍속은 대개 일정 지역에 주민이 한데 어울리거나 가족들이 함께 놀고 마시고 먹고 겨루는 일들로 이루어지기 때문에 춘하추동(春夏秋冬)의 계절과 계절에 상관있는 명절들이 중심이 된다.
　그리고 농경사회였기 때문에 농한기에 집중되었고, 음력을 주로 썼기에 달이 차고 이지러지는 것과도 깊은 관계가 있다. 음력으로 1년 중의 명절을 꼽아보면 거의 달마다 명절이 들어 있고, 그 명절마다 세시풍속이 깔려 있다.

1월(正月) : 1일은 설날이고 15일은 대보름이며, 계절의 시작인 입춘(立春)이 있다.
2월 : 조상의 산소를 돌보는 한식과 대동강도 풀린다는 경칩일(驚蟄日)이 있다.
3월 : 3일은 강남 갔던 제비가 돌아온다는 삼짇날(三辰日)이다.
4월 : 8일은 부처님 오신 초파일이다.

5월 : 5일은 단오절(端午節)이다.
6월 : 15일은 유두(流頭)이다.
7월 : 7일은 칠석(七夕)이고, 15일은 중원(中元) 또는 백종일(百種日)이다.
8월 : 15일은 한가위 추석(秋夕)이다.
9월 : 9일은 양(陽)의 기운이 가장 많다는 중양절(重陽節)이다.
10월 : 3일은 상달이고 문중에서는 윗대 조상의 세일사(歲一祀)를 지낸다.
11월 : 낮이 가장 짧고 팥죽을 먹는 동지(冬至)가 있다.
12월 : 환약(丸藥)을 짓는 납일(臘日)이 있고 그믐날을 제석(除夕)이라 한다.

ㅇ상에서 보면 홀수달과 같은 날짜가 겹치는 날이 명절이 되었다. 즉 1월 1일이 설날이고, 3월 3일이 삼짇날, 5월 5일은 단오절, 7월 7일은 견우와 직녀가 만난다는 칠석이고, 9월 9일은 가장 큰 양(陽)과 양이 겹쳐져서 중양절이다. 이렇게 홀수에 달의 그 달수와 같은 날이 겹치는 날을 명절로 한 것은 양수(홀수)와 양수가 만나면 음수(陰數, 짝수)가 되기 때문에 양(陽)과 음(陰)이 만나서 모든 것이 생성(生成)될 수 있는 날이기 때문에 명절로 한 것이다.

또한 달이 꽉 차는 보름날이 명절로 된 것이 1월 15일 대보름이고, 6월 15일 유두이며, 7월 15일 백종일·백중일(白腫日·百中日)이고, 8월 15일은 한가위이다. 명절은 즐기는 날인데 아무래도 낮에는 바쁘고 밤에 놀기가 더 좋으므로 달이 밝은 날을 명절로 한 것이다.

ㅇ렇게 달마다 명절이 있고 그때의 계절에 알맞은 놀이와 음식, 예절 등 풍속이 다양하게 전해지고 있으나 지금까지 큰 명절로 알려지고 민속이 가장 많이 행해지는 명절은 4대 명절인 설날, 한식, 단오, 한가위라 할 것이다.

제3절　세시풍속과 4代 명절

1. 설날

1) 설의 유래

설은 한 해의 첫날 전후에 치르는 의례와 놀이 등을 통틀어 가리키는 말로서, 첫날을 설날, 그 하루 전날을 까치설날이라고 부르고 있다. 설이라는 말의 유래는 정확하게 밝혀져 있지 않고 있으나, 일반적으로 다음과 같은 4가지 설명이 통용되고 있다.

첫째. 삼간다는 뜻으로서, 새해의 첫날에 일년 동안 아무 탈 없이 지내게 해 달라는 바람에서 생겼을 것이다.

둘째. '섧다'의 뜻에서 유래된 말로서, 해가 지남에 따라 점차 늙어가는 처지를 서글퍼하는 뜻에서 생겼을 것이다.

셋째. '설다', '낯설다'라는 뜻에서 볼 수 있듯이, 새로운 시간주기에 익숙하지 않다거나 완전하지 않다는 뜻에서 생겼다.

넷째. 한 해를 새로 세운다는 뜻의 '서다'에서 생겼을 것이다.

그러나 설이란 말은 17세기의 문헌에 '나이', '해'를 뜻하는 말로 쓰여졌으나, 요즈음과 같이 나이라는 말이나 나이를 뜻하는 '살'이라는 말이 나타나지 않고 있는 것으로 보아, '나이를 하나 더 먹는 날'의 의미를 가진 '설날'이라는 말이 사용되었을 것으로 추측된다. 그러다가 19세기에 들어서 나이를 가리키는 말이 '살'로 바뀜으로써, '설'과 구분되기 시작한 것 같다. 그러나 그 하루 전날인 섣달그믐날을 왜 까치설날이라고 부르게 되었는지는 아직 밝혀진 바가 없다.

설날을 맞고 보낸다는 뜻을 말할 때, 다른 명절을 지내는 것과 같이 특별히 '쇠다', '쇤다'고 말하고 있다. 이 '쇠다'는 뜻은 '오래되다', '늙었다'라는 뜻을 가진 것으로 보아, 설에 대한 해석 가운데에서 두 번째의 것과 밀접한 연관을 가진 것으로 보인다. 따라서 '설을 쇠다'는 뜻은 '한 살을 더 먹어 늙었다'는 뜻으로 해석할 수 있다.

설날은 1년의 첫날이라는 점에서 '한 해'라는 시간 단위를 전제로 하고 있다. 어느 날을 설날로 잡는가 하는 문제는 상당히 중요한 의미를 갖는 문제로 현재의 설날은 달과 태양의 주기를 합쳐서 계산한 태음 태양력에 의한 것이다. 이것을 일반적으로 음력이라고 부르고 있는데, 보름을 주기로 한 달의 주기를 통해서 날짜를 확인할 수 있는 태음력과 함께 계절을 확인하여 농사를 짓는 기준으로 삼도록 태양주기를 15일 간격으로 24절기로 나눈 것을 결합한 것이다.

이 음력은 통일신라시대에 중국 당나라에서 들여온 것으로 보이며, 이후로 대한제국 말기에 양력이 등장하여 신정이 자리를 잡기 시작할 때까지 약 1,200여 년간 설날은 이 음력을 기준으로 삼아 왔다. 따라서 한자로는 설날을 원일元日 원조元朝 원단元旦 삼원三元 삼시三始 세수歲首 세초歲初 연두年頭 연시年始 정조正朝 정초正初 등으로 불리고 있다.

이러한 설은 일제시대에 양력을 기준으로 삼으면서 강제적으로 쇠지 못하게 하였으나 1985년에 '민속의 날'로 정하여 공휴일이 되고, 또 사회적으로 귀향 인파가 늘어나면서 설날로 정착하여 오늘에 이르고 있다.

2) 설날의 놀이와 음식

설은 한 해의 첫날 전후에 치르는 의례와 놀이 등을 통틀어 가리키는 말로서, 첫날을 설날, 그 하루 전날을 까치설날이라고 부르고 있다. 설이라는 말의 유래는 정확하게 밝혀져 있지 않고 있으나, 일반적으로 다음과 같은 4가지 설명이 통용되고 있다.

① **날짜** : 음력으로 1월 1일이다. 그해의 첫날이어서 원일(元日)이라 하고 설날 아침을 원조원단(元朝元旦)이라 한다. 가정의례에서는 정조(正朝)라 한다.

② **차례(茶禮)** : 자기 집에서 기제사를 지내는 조상에게 설날 음식을 올리고 새해 인사를 하는 것을 차례라 한다.

③ **설빔** : 남녀 어린이들에게 설날 아침에 새 옷을 입히는 것이다.

④ **세배(歲拜)** : 설날 아침에 집안에 어른이나 동네 어른 또는 선생님, 선배에게 새해 인사의 절을 한다.

⑤ **덕담(德談)** : 덕담은 어른이 아랫사람에게 하는 것으로 새해에 이루어야 할 일을 긍정적으로 말해 주는 것이다.

⑥ **세찬(歲饌)・세주(歲酒)** : 설날에 대접하는 음식을 세찬(歲饌)이라 하고 술을 세주(歲酒)라 한다.

⑦ **세함(歲銜)** : 세배 갔다가 주인이 안 계시면 종이에 이름을 써서 두고 오면 세배가 된다. 이것을 세함이라 하는데 요즘의 연하장과 같은 것이다.

⑧ **떡국** : 떡국은 설날의 대표적 음식이다. 나이 먹는 것은 떡국을 몇 그릇 먹었는가로 세기도 한다. 떡국은 흰떡을 손으로 문지른 대로 길게 늘어나기 때문에 나이가 그렇게 늘어나기를 바라는 장수의 의미가 있다.

⑨ 강정 : 찹쌀가루를 진국술로 반죽해 납작하게 썰어 말렸다가 끓는 기름에 튀기고 깨나 콩가루를 묻혀서 만드는데 설날의 대표적 과자이다.

⑩ 윷놀이 : 4개의 쪼갠 나무토막을 던져 잦혀지고 엎어지는 것으로 도, 개, 걸, 윷, 모의 숫자로 나타내 겨루는 설날의 대표적 가족 놀이이다.

⑪ 쟁경도(爭卿圖)승경도(陞卿圖) : 큰 종이에 벼슬 이름을 써서 펼치고, 쌍육이나 윷을 던져 나오는 숫자대로 말을 옮겨 높은 벼슬에 올라가는 놀이로 요즘의 주사위 놀이와 같은 것이다.

⑫ 연날리기·제기차기 : 남자아이들의 대표적 놀이인데 겨우내 움츠렸던 하체를 튼튼하게 하는 것이다.

⑬ 널뛰기 : 주로 여자들 놀이로 역시 하체를 튼튼하게 하는 놀이이다.

⑭ 수세(守歲) : 나이를 먹지 않기 위해 섣달그믐날에 밤을 거부하는 것으로 해를 지키는 수세라고 한다. 그래서 집안의 모든 곳에 불을 밝히고, 아이들이 잠을 자면 눈썹이 희어진다고 겁을 주고, 그래도 자는 아이의 눈썹에 분이나 밀가루를 발라 겁을 주며 즐긴다.

⑮ 야광귀(夜光鬼) : 아이들의 신을 감춘다. 야광귀라는 귀신이 뜰에 있는 신을 신어보고 자기의 발에 맞는 신의 주인에게 좋지 않게 하기 때문이다. 그래서 주부는 문 앞에 구멍이 많은 채나 얼개미를 걸어놓는데 야광귀가 그 구멍을 새다가 날이 밝으면 신을 신어보지도 못한다고 믿었다.

⑯ 대나(大儺) : 온 마을을 징치고 북 치며 더러는 폭죽을 터트려서 시끄럽게 하는데 새해에 액막이로 잡기를 쫓는 것이다.

⑰ 까치설 : 아이들은 섣달그믐을 까치설이라 하는데 까치는 길조(吉鳥)로 반가운 소식을 가져오므로 설날 전날을 까치설이라 한다. 설날이나 새해에 좋은 일이 많이 있을 것이라 믿어서이다

⑱ 묵은세배 : 섣달그믐에는 지나간 해를 감사하기 위해 어른에게 인사를 드린다.

3) 차례 상차림

상차림의 기본은 기제와 같으나 몇 가지 다른 점만을 적으면 다음과 같다.
① 적(炙)은 고기와 생선 및 닭을 따로 담지 않고 한 접시에 담아 미리 올린다.
② 밥과 국의 위치에 설에는 떡국을 놓고, 한식과 추석에는 화전이나 쑥떡, 추석에는 송편을 올린다.

<양위 합설을 기준으로 한 차례상(가례에 근거함)>

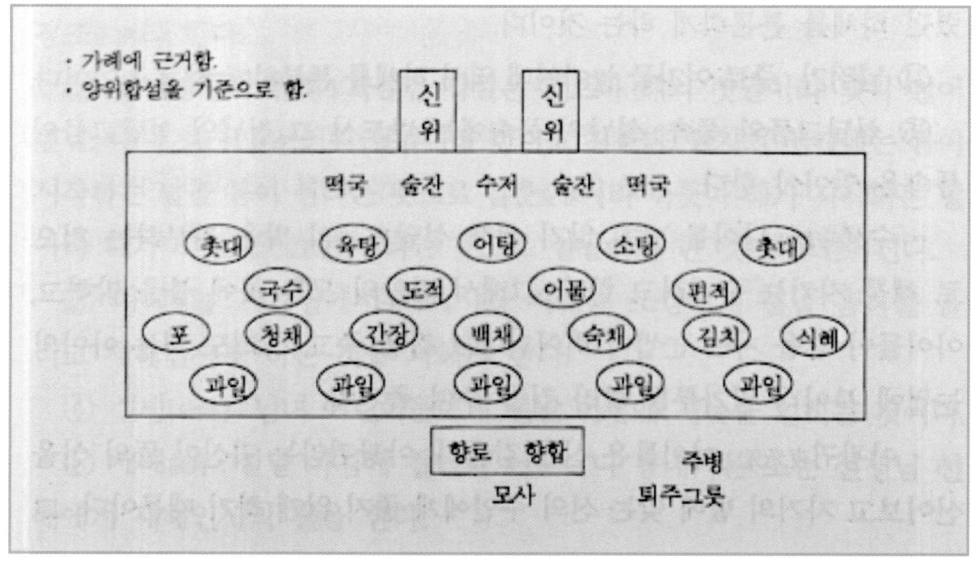

<간소화 표준안 설 차례상>

'전통 제례 보존 및 현대화 권고안'의 기제 진설도(2024)

<차례 절차>

① **재계(齋戒)** : 조상의 차례를 지내려면 근신하고 목욕재계한다.

② **설위(設位)** : 차례 지낼 장소에 위치를 정하고 기구를 배설한다.

③ **수축(修祝)** : 평소에 신주가 안 계시면 지방을, 축문을 읽을 예정이면 축문을 경건하게 쓴다.

④ **척기(滌器)구찬(具饌)** : 제기를 닦고 제수를 마련해서 큰 상에 차린다.

⑤ **변복취위(變服就位)** : 자손들이 옷을 챙겨입고 정한 위치에 선다.

⑥ **설소과주찬(設蔬果酒饌)** : 식어도 상관없는 제수를 먼저 차린다.

⑦ **신위봉안(神位奉安)** : 윗대부터 차례대로 교위 위에 신위를 모신다.

⑧ **분향(焚香)** : 제주가 읍하고 꿇어앉아 향을 세 번 사르고 재배한다.

⑨ **강신(降神)** : 제주가 읍하고 꿇어앉아 집사가 강신잔에 따라 주는 술을 모사기에 세 번 나누어 모두 지우고 재배한다.

⑩ **참신(參神)** : 제주 이하 모든 남자는 재배, 여자는 4배 한다.

⑪ **진찬(進饌)** : 식으면 않되는 모든 제수를 윗대 제사상부터 차례로 받들어 올린다(적도 올린다).

⑫ **헌작(獻爵)유식(侑食)** : 제주가 주전자를 들어 윗대 고위의 잔부터 아랫대 비위의 잔까지 차례로 술을 가득 따른다. 주부가 윗대 고위부터 아랫대 비위까지 차례로 숟가락을 떡국에 꽂고 젓가락을 골라 시접에 걸쳐 놓는다.

　- 한식과 추석에는 숟가락이 없으므로 젓가락만 걸쳐 놓는다.

　- 축문을 읽으려면 이때 모든 자손이 꿇어앉는다.

　- 주인은 재배, 주부는 4배 한다.

⑬ **낙시저(落匙箸)** : 7~8분간 조용히 시립해 서 있다가 주부가 윗대 고위부터 아랫대 비위까지 차례로 숟가락을 뽑고 젓가락을 내려 시접에 담는다.

⑭ **사신(辭神)** : 모든 자손이 남자는 재배, 여자는 4배 한다.

⑮ **납주**(納主) : 신위를 원자리로 모신다. 지방이 있으면 태워서 재를 향로에 담고, 축문을 읽었으면 축문도 태워 재를 향로에 담는다.
⑯ **철찬**(撤饌) : 제례음식을 제상에서 내린다.
⑰ **음복**(飮福) : 자손들이 음식을 나누어 먹으며 조상의 음덕을 기린다.

4) 설날의 세배

정월 초하룻날에 하는 새해의 첫인사이다. 설 차례를 지낸 뒤 자리를 정하여 앉는다. 조부모부모에게 먼저 절하고 형누나 등 나이 차례로 아랫사람이 윗사람에게 한다. 세배를 드려야 할 어른이 먼 곳에 살고 있을 때는 정월 15일까지 찾아가서 세배하면 예절에 벗어나지 않는 것으로 되어 있다. 세배하러 오는 어른에게는 술과 음식을, 아이들에게는 약간의 돈 또는 떡과 과일 등을 내놓는다.

윗어른에게 새배할 때는 "새해에는 복 많이 받으시고 오래오래 사십시오", "새해에는 더욱 건강하십시오" 등의 인사말을 하고, 세배를 받는 사람도 "새해에는 소원성취하기 바라네", "새해에는 집안 식구들이 두루 편안하고 모든 일이 뜻대로 잘되기를 바라네" 등의 덕담을 한다.

5) 설날 세배다례(歲拜茶禮)

세배다례는 설날 가족의 화목과 안녕을 비는 다례입니다.

　원래 '설'이라는 말의 유래는 정확히 밝혀져 있지 않지만, 일반적으로 이렇게 통용되는 내용을 미리 상기시킨다.

첫째, 새해가 되어서 일 년 동안 아무 탈 없이 지내고자 매사에 '삼가한다'는 뜻이고

둘째, 해가 지남에 따라 점차 늙어가는 처지가 서글프다는 '서럽다'는 뜻이며

셋째, 새로운 시간주기에 익숙하지 않아 왠지 '낯설다'라는 뜻이며

넷째, 한 해를 새로 세운다는 뜻의 '서다'에서 비롯되어 날이 새로 선다고 하여 입세일(立歲日)이라 한다.

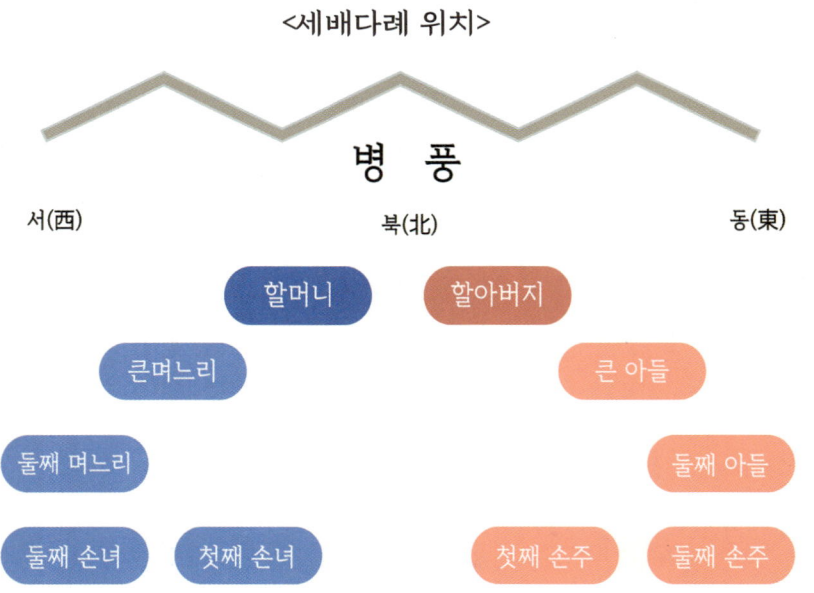

<세배다례 위치>

　우선 할아버지와 할머니가 살아계시고, 아들 형제가 모두 장가를 들어 그 자손이 4명인 화목한 가족의 세배다례 진행은 다음과 같다.

① **부부 맞절** : 배우자끼리 서로 마주 보고 **평절로 맞절**한다.
상좌를 북쪽으로 간주해 제일 북쪽으로부터 세대순으로 남자는 동쪽에서 서향하고 여자는 서쪽에서 동향해 선다.
② **자손들이 큰절로 세배** : 할아버지와 할머니께 모든 자손들이 **큰절로 세배**한다.
제일 윗세대가 남향하여 앉으면 자손들이 북향하여 정중하게 새해 인사를 한다.
③ **형과 아우, 동서지간에 평절로 맞절**
④ **부모님께 그 자손이 세배 : 남자 1배, 여자 2배를 큰절**
할아버지 할머니가 앉아계신 쪽으로 부모님이 앉으시면, 자식들이 부모님께 세배한다.
⑤ **큰손자와 큰손녀, 작은손자와 작은손녀가 서로 마주 보고 각자 평절 1배 한다.**
⑥ **언니 동생(여자 자매끼리), 형과 아우(남자 형제끼리) 평절 1배 한다.**

    세배가 끝나면 서로 다가앉아 덕담을 나누고, 어른께 세찬을 드리고 자손에게는 칭찬하며 장려의 의미로 약간의 세뱃돈을 주기도 한다. 세배가 끝난 다음에 아침을 먹는다.

<세배다례 순서>

부부 맞절

자손들이 큰절로 세배

부모님께 그 자손이 세배

손자 손녀간 맞절

덕담·세찬

2. 한식(寒食)

1) 한식의 유래

한식은 동지(冬至)로부터 105번째 되는 날이다. 한식은 24절기의 하나인 동지를 기준으로 하여 정한 명절이기 때문에 양력으로는 매년 4월 5일이나 6일 무렵에 든다. 그래서 4월 4일이나 5일에 드는 청명(淸明)과 같아지기도 한다.

한식의 풍습은 고대 중국에서부터 전해져 온 것으로 보는데 그 유래를 보면 다음과 같다.

중국의 춘추시대(春秋時代) 진(晉)나라에 개자추(介子推)라는 사람이 있었다. 그는 문공(文公)이 왕이 되기 전에 공자(公子)로서 망명을 하여 외지에서 떠돌고 있을 때 19년 동안이나 갖은 고생을 다하며 문공을 극진히 모셨던 충신이다. 그런데 문공이 자기 나라인 진(晉)에 돌아와서 왕이 되었으나 개자추에게 봉록(封祿)을 주지 않고 소홀히 대하자 개자추는 홀어머니와 함께 산중으로 들어가 나오지 않고 숨어 살았다.

왕이 뒤늦게 자신의 잘못을 뉘우치고 개자추를 찾았으나 그는 산중에서 나오지 않았다. 왕은 이에 한 가지 꾀를 내어, 개자추가 숨어 있는 산에 불을 지른다면 불 때문에 산을 빠져나올 것이라고 생각했다. 그래서 산에 불을 지르고 개자추가 나오기만을 기다렸으나 산의 나무가 완전히 타서 재가 될 때까지도 그는 나타나지 않았다. 사람들이 불 꺼진 산을 뒤지니 개자추는 홀어머니와 서로 껴안은 채 버드나무 밑에서 불에 타 죽어 있었다.

왕은 이를 안타깝게 여겨 개자추가 죽은 이날 불을 쓰기를 꺼렸으니 자연히 밥도 짓지 못하고 미리 지어 놓은 식은 밥을 먹게 되어서 한식이라고 하게 되었다고 한다.

우리나라에서는 조정에서 버드나무를 문질러 새 불씨를 만들어 신하들에게 나누어 주었다. 신하들이 새 불씨를 받기 위해 묵은 불씨를 다 없애기 때문에 한식날 하루는 부득이 찬 음식을 먹게 되어 한식이라고 한다.
   그러나 생각해 보면 한식은 초목의 생장이 시작되는 때로 백성들이 앞을 다투어 조상의 묘지를 다듬는 사초(莎草)를 하는데, 음식을 데워 먹기 위해 자연히 산에 불을 지피게 된다. 계절적으로 건조한 때라 산불로 번질 위험이 있다. 그래서 그날은 한식 성묘나 사초를 위해 가더라도 불을 피우지 못하게 하려는 방법으로 찬 음식을 장려한 것이라 짐작된다. .

2) 한식의 풍속
① **차례(茶禮)** : 자기 집에서 제사를 지내는 조상의 산소 앞에 계절음식을 차리고 예를 올린다.
② **묘지사초(墓地莎草)** : 나무와 풀이 잘 사는 계절이라 조상 묘지를 수축하고 돌보는 일을 주로 이때 하는데 이 일을 사초라 한다.
③ **화전(花煎)** : 진달래 꽃잎을 찹쌀 또는 밀가루 부침에 얹어 부치는 것을 화전이라 하는데 한식의 명절 음식이다.

3. 단오(端午)

1) 단오의 유래

음력으로 5월은 녹음방초(綠陰芳草)의 계절, 한창 무르익는 여름의 한 길목이 된다. 이 5월 초에 같은 5자(字)의 양수(陽數)가 겹치는 5월 5일이 단오이다.

단오(端午)란 초닷새라는 뜻을 가진 말이기도 하다. 단(端)이라는 글자에는 '끝'이라는 뜻과 '처음'이라는 뜻이 있고, 낮 오(午)자는 다섯 오(5)자와 음이 통해서 단오는 초닷사라는 뜻이 된다.

우리나라에서는 예부터 1월 1일, 3월 3일, 5월 5일, 7월 7일 등 홀수이면서 같은 숫자가 겹치는 날을 대개 명절로 정해 즐겨 왔는데, 그중에서도 5월 5일은 가장 양기(陽氣)가 왕성한 날로서 천중가절(天中佳節)이라 일러 큰 명절로 생각해 왔다.

2) 단오의 풍속

① **날짜** : 음력으로 5월 5일이다.

② **수릿날 명칭 유래** : 단오절을 수릿날이라고도 하는데 그 유래는 다음과 같다.

- 수릿날 : 중국의 초(楚)나라 회왕(懷王.서기전329~299) 때의 충신 굴삼려(屈三閭)가 임금이 버리자 멱라수 여울물에 몸을 던져 죽었으므로 충신을 추모하는 뜻으로 여울물에 제사를 지내는 날이라 해서 물여울 즉 수뢰날이라 한다.
- 수레날 : 우리나라에서는 물여울의 수뢰를 수레(車)로 발음해 쑥떡을 수레바퀴에 던지면 액막이가 된다고 생각했다.
- 수리치 떡 : 수레날에는 수리취라는 익모초(약쑥)로 떡을 해서 수레바퀴에 던지는 떡이라 하여 수레떡(車輪餠)이라 했다. 단오의 별미로 먹는다.

④ **단오선(端午扇)** : 단오절은 여름이 가까웠으므로 서로가 부채를 선물하는데 그것을 단오부채라 한다. 옛날에는 대나무 고장인 전라도 담양에서 1년 내내 부채를 만들어 단오 무렵에 왕실에 진상(進上)하면 임금은 그것을 신하들에게 나누어 주어

여름을 시원하게 보내도록 했다.

⑤ **창포탕(菖蒲湯)** : 창포(풀이름)를 삶아 그 물로 목욕을 하면 액을 막고, 머리를 감으면 좋다고 생각했다.

⑥ **그네뛰기** : 여인네들은 나무에 그네를 매고 높이 뛴다. 무성한 나뭇잎 속에 숨어 높이 뛰어올라 멀리 바깥세상을 구경하는 것이다.

⑦ **씨름** : 남자들은 씨름으로 힘을 겨루는데 우리나라 고유의 놀이이다.

⑧ **대추나무 시집보내기** : 대추나무의 갈라진 가지 사이에 큰 돌을 끼워 시집보내면 대추가 많이 열리고, 대추가 풍년이면 농사도 풍년이 든다고 생각했다.

4. 한가위(秋夕)

1) 추석의 유래

추석은 음력 8월 15일로 한가위 또는 중추절(仲秋節)이라고도 한다. 추석이라는 말은 『예기禮記』의 '조춘일(朝春日) 추석월(秋夕月)'에서 나왔으며, 중추절은 가을을 초추, 중추, 종추 3달로 나누어 8월이 그 가운데 들었으므로 붙인 이름이다.

청명하게 맑고 드높은 계절의 탓으로 1년 중 가장 달이 밝은 날이다. 마침 결실의 계절이라 오곡백과가 풍성하며, 바쁜 농사철도 지나고 덥지도 춥지도 않아 놀기에 안성맞춤의 명절이다.

추석은, 단군기원 2365년(신라3대 유리왕9년)에 신라를 세운 6촌장에게 성을 내리고, 나라를 여섯 구역으로 나누어 책임을 맡겨 지방행정 체제를 완비하고, 중앙에 17개 관료 계급을 정해 정비한 다음, 6부를 둘로 나누어 아낙들을 모아 편을 짜고 왕녀 둘을 보내 한 편씩을 맡아 7월 16일부터 넓은 마당에 모여 '삼베길쌈겨루기'를 했다.

이것은 신라가 내외의 행정 체제를 정비하고 그것을 기념하고 협동정신과 신분을 초월한 산업진흥을 도모하는 행사라 여겨진다. 8월 15일에 그 결과를 견주어 진 편에서 음식을 마련해 이긴 편을 축하하고 가무(歌舞)와 놀이로 즐겼으며 이를 '가배(嘉俳)'라 하였다.

어느 나라 어느 민족이든지 민속 명절은 있지만 이렇듯 기원(起源)과 유래가 분명한 민속 명절은 아마도 우리의 추석이 있을 뿐이다.

이 날은 온 나라 사람들이 갖가지 놀이와 음식으로 즐기며 조상을 섬기는 풍속이 전해진다.

2) 추석의 풍속

① **날짜** : 음력으로 8월 15일이다. 우리나라에서는 한가위라 하는데 가을달이 밝은 날이라 추석이라고도 하고, 가을의 한가운데라는 의미로 중추절(仲秋節)이라고도 한다.

② **차례** : 조상 묘지의 웃자란 풀을 깎고 나뭇가지를 치는 벌초(伐草)를 하였고 명절 음식을 차려 예를 올린다.

③ **송편** : 한가위의 명절 음식인 송편은, 멥쌀을 반죽해 넓게 펴서 밤이나 콩으로 속을 박아 반달같이 오므려서 솔잎으로 켜를 깔고 찌면 향긋하게 송진 냄새를 풍기는 송편이 된다.

④ **토란국** : 한가위의 국은 토란국이다. 토란국은 음식물의 소화를 도와주는 효험이 있어서 풍성한 먹거리가 많은 한가위에 소화를 돕기 위해 한가위 음식이 된 것으로 전한다.

⑤ **줄다리기** : 남녀가 함께 모여 줄다리기를 하고 혹 줄이 끊어져 남녀가 엎어지면 크게 웃으며 즐긴다고 했다. 이기고 지는데 데에 재미가 있는 것은 아니고 남녀노소가 한 덩이로 엉키는 것을 즐겼다는 것이다.

⑥ **닭잡기** : 넓은 마당에 닭을 풀어놓고 맨손으로 닭을 잡는 놀이를 한다. 실제로 닭을 잡은 사람이 자기가 잡은 닭을 상으로 가져간다. 그러니까 많은 사람이 맨손으로 닭을 잡으려고 한꺼번에 덤비다가 닭은 날아서 도망가고 남녀노소가 한 덩이로 뒤엉키는 것을 보며 즐긴다고 했다.

⑦ 우리나라의 세시풍속 중에서 한가위는 오곡백과가 무르익어서 풍성하고, 농사가 끝나 한가하고, 춥지도 덥지도 않아서 가장 큰 명절이다. 그래서 예부터 **"더도 말고 덜도 말고 한가위만 같아라."**라고 했다.

참고문헌

강성금,『생활茶禮』, 민속원, 2006.

김득중,『실천예절개론』, 교문사, 1997.

　　　　『인성실천 생활예절』, 중화서원, 2015.

　　　　『실천 가정의례』, 성균관대학교출판부, 2012.

　　　　『생활예절 이렇게 한다』, 교문사, 1993.

　　　　『지향 가정의례』, 중화서원, 2007.

　　　　『실천 생활예절』, 중화서원, 2008.

김미라,『어린이 교육, 공자에게 묻다』, 조윤, 2013.

　　　　『조선의 밥상머리 교육』, 보아스, 2018.

김원중,『혼인의 문화사』, ㈜휴머니스트 출판그룹, 2007.

김전배,『알기 쉽게 풀이한 우리의 전통 예절(증보판)』, 한국문화재보호재단, 1988.

김종대,『열두달풍속놀이』, 도서출판산하, 1996.

도영태김순희,『직장예절』, 영진미디어, 2005.

　　　　『기업이 원하는 인재가 되기 위해 반드시 알아야 할 직장예절』, 영진미디어, 2005.

문화관광부 한국복식문화 2000년,『우리옷 이천년』, 미술문화, 2001.

경기도박물관,『조선의 옷매무새』, 민속원, 2002.

박성진,『우리나라 전례 체계에 대한 연구』, 성균관예문관발행, 1997.

박호순,『우리민속의 유래』, 도서출판 비엠케이, 2014.

설혜심,『매너의 역사 품격은 어떻게 만들어지는가』,㈜휴머니스트 출판그룹, 2024.

송희준,『효도예절』, 도서출판 예원사, 1999.

수원화성박물관,『한국의 민속문화』, 아이콘커뮤니케이션, 2010.

안성균,『생활예절과 가정의례』, 동광출판사, 2004.

이광혜,『전통혼례 중 폐백례의 절차와 복식의 현대화 방안』, 논문, 2001.
이병도문형진 외 공저,『세계인의 에티켓 문화』, ㈜이환D&B, 2008.
이병혁,『한국의 전통 제사의식-기제차례묘제』, 국학자료원, 2009.
이욱김미영김시덕권삼문,『조상제사 어떻게 지낼 것인가』, 민속원, 2012.
이영혜,『시집가는 날, 아름다운 혼례 음식』, 디자인하우스, 1999.
이춘자김귀영박혜원,『통과의례음식』, 대원사, 1997.
임영정,『한국의 전통문화』, 도서출판 아름다운 세상, 1998.
정규훈,『글로벌 생활예절』, 성균관대학교출판부, 2012.
정영순,『이미지메이킹과 셀프마케팅』, 예영커뮤니케이션, 2005.
조희진,『선비와 피어싱』, 동아시아, 2003.
주희지음, 임민혁 옮김,『주자가례-유교 공동체를 향한 주희의 설계』, 예문서원, 1999.
천봉춘,『주자가례에서 비롯된 한국전통가례의 이해』, 한국학술정보(주), 2012.
한국고문서학회,『조선시대 생활사』, 역사비평사, 1996.
한국문화재보호재단,『세시풍속』, 한국문화재보호재단, 2000.
한국외국어대학교,『세계의 혼인문화』, 한국외국어대학교 출판부, 2005.
한국지역사회교육협의회,『의례(儀禮) 코칭』, KACE연합, 2018.
호텔신라 서비스교육센터,『현대인을 위한 국제 매너』, 김영사, 1994.
황영애,『한국의 의례』, 민속원, 2023.
허중호,『상식으로 꼭 알아야 할 한국의 명품문화』, ㈜삼양미디어, 2010.
김덕묵,『文化財』56권 제4호,「한중일 정월 세시의례의 종교적 성격과 구조」국립민속박물관, 2023.
성균관의례정립위원회, '전통 제례 보존 및 현대화 권고안' 차례상, 기제상, 묘제상 2024.

부록
강성금 칼럼

> 예절을 하는 이유부터
> 예절로 찾는 행복까지

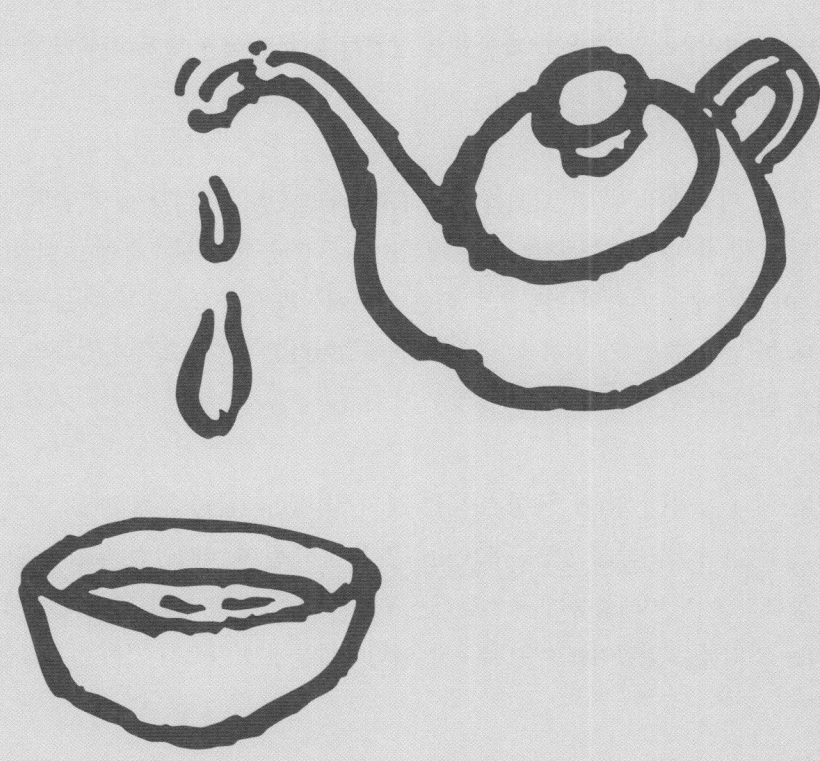

1   예절은 왜 하는가

　벙어리 냉가슴 앓는다는 말이 있다. 또 '열 번 생각하느니 한 번 표현이 낫다'는 말도 있다. 그것은 가슴속의 생각을 생각만으로 그치지 말고 말이든 행동이든 밖으로 표현을 하라는 얘기일 것이다.

　예절에서는 마음속의 생각(意思)을 실제(實際)라고 한다. 이러한 실제가 막히지 않고 상대방과 잘 통하게 하는 것을 소통(疏通)이라고 하는데 의사소통에는 격식(格式)이 있다. 이 격식에는 어휘와 어법으로 하는 언어예절과 행동으로 나타내는 행동예절이 있는데 이 언동(言動)의 일치를 가리켜 참 예절이라고 한다. 그러나 언동의 일치가 그리 쉬운 일인가.

　주자(朱子)의 소학(小學)에 '예가 아니면 보지 말며(비례물시:非禮勿視), 예가 아니면 듣지 말며(비례물청:非禮勿聽), 예가 아니면 말하지 말며(비례물언:非禮勿言), 예가 아니면 동하지 말라(비례물동:非禮勿動)'는 구절이 있는 것을 보면 그 오래전에도 말이 안 되는 소리들은 있었기에 이런 내용을 어린아이들에게 가르친 것이 아니었을까.

우리가 잘 아는 '이솝'의 우화에, 늑대는 부리가 긴 두루미에게 국물을 접시에 담아서 대접하고 두루미는 늑대에게 국물을 목이 긴 병에 담아 대접한 것은 서로 상대방의 입장을 배려하지 못하고 자기 입장에서만 상대를 대접했기 때문이다.

나는 가끔 열 번이고 스무 번이고 자기 얘기만 늘어놓는 사람을 본다. 나 하고는 아무 상관도 관심도 없는 내용을, 얼굴도 모르는 사람의 이야기를 줄기차게 하다가 그러한 본인의 생각을 관철시키고자 집요하게 강조하는 비례(非禮)를 볼 때가 종종 있다.

우리가 예절을 하는 까닭은 무엇일까. 그것은 늑대와 두루미는 물론 망설이다가 때를 놓쳐버리는 벙어리가 되어서는 안 되기 때문일 것이다. 예절의 본질은 결국 마음속의 생각을 격식이라는 과정을 통하여 사람이 사람으로서 사람다워지려고 끊임없는 자기관리(修己)와 원만한 대인관계(治人)를 형성하고자 부단히 공들이고 또 공들여야 하는 것이라고 생각한다.

2   첫인사와 소개(紹介)

인사는 만나거나 헤어질 때 공경의 뜻으로 나타내는 예(禮)이다. 언제 어디서나 인사는 내가 먼저, 상대를 바라보며, 밝은 표정 큰 목소리로, 정성을 다하여, 상황에 알맞게 하는 것이 기본이다. 그러나 상황에 알맞게 하기란 쉽지 않다. 잘하면 두고두고 멋스러운 이미지로 기억되지만, 엉거주춤 때를 놓치거나 조금 과하여 넘치면 가벼움을 낳는다.

첫인사는 처음 만나는 사람끼리 성명을 통하여 자기를 소개하거나 소개받을 때 하는 일이다. 자기를 처음 소개할 때는 성(姓)만 말하지 않고 이름까지 또박또박 말하되, "안녕하(시·세·셔)요? 만나서 반가워(요)" 보다는, "안녕하십니(까)? 만나서 반갑습니(다)"가 좋다. '시·세·셔·요' 보다는 '까·다'가 정중하기 때문이다. 물론 말끝을 살짝 올려 물방울이 튕기듯이, 신선하게 마무리하면 더욱 좋겠다. 이렇게 정중하게 자기소개를 하는데 대뜸 나이를 묻는다거나 비밀을 캐듯 대답하기 거북한 질문을 던지는 것은 예(禮)가 아니다.

소개(紹介)란, 모르는 사이를 알도록 관계를 맺어 주는 것이다. 소개의 종류는 다양하여 소개하는 사람이 맛깔스럽게 함으로써 분위기가 사뭇 달라진다. 요즘은 연말이어서 동창, 부부, 선후배, 종교, 동아리 등의 모임이 잦다. 상황을 살펴본 후, 먼저 남성을 여성에게, 한 사람을 여러 사람에게, 손아랫사람을 웃어른에게, 친한 사람을 덜 친한 사람에게, 지위가 낮은 사람을 높은 사람에게, 후배를 선배에게 소개한다. 지나친 과장이나 너무 간결하지 않아야 좋다. 장황하거나 지루하면 실격이다.

이렇게 만난 첫자리에서는 진한 사투리나 외래어 또는 전문용어를 자주 사용하거나, 목소리가 너무 크고 작아도 호감 받기 어렵다. 조용한 어조, 분명한 발음, 맑고 밝은 음성, 적당한 속도로 말하면서 상대방의 표정과 눈빛을 주시해 반응을 살핀다면 첫인상 형성은 만점이다. 물론, 가장 훌륭한 예의(禮儀)는 모든 형식으로부터 자유롭다고 하지만, 기본을 배제한 자유는 존경받기 힘들다.

3 설날 세배다례(歲拜茶禮)

설은 한 해의 첫날 전후에 치르는 의례와 놀이 등을 통틀어 가리키는 말이다. 그러나 설이 왜 설이라고 했는지 그 유래가 정확히 밝혀져 있지 않고 일반적으로 첫째, 삼간다(아무 탈 없이 지내고 싶어 삼가 한다). 둘째, 섧다(해가 지남에 따라 점차 늙어가는 처지가 서글퍼 서럽다). 셋째, 낯설다, 설다(새로운 시간주기에 익숙하지 않다). 넷째, 서다(立歲日:한해가 시작되는 날이라 하여 해가 서는 날)에서 생겼을 것으로 통용되고 있다.(한국문화재보호재단 세시풍속편)

설날 아침에는 조상에게 차례를 지낸다. 차례(茶禮)는 글자 그대로 '차로써 예를 올린다'는 말이다. 즉, 제사(祭祀)에는 밥과 국이 올라가고 술을 올리지만, 차례에는 밥, 국 대신 명절음식(떡국, 송편)과 제철과일을 올리고 차(茶)가 중요 제물로 올라간다. 또 제사에는 신위가 있고 돌아가신 영혼이 집을 잘 찾아오시도록 불을 켜고 문을 열어놓으며 자정이 되어야 지내지만 차례에는 신위가 없으며 이른 아침에 지낸다. 이 때 정성껏 차린 차례상에 차는 없고 술만 올라간다면 이는 주례(酒禮)이지 차례(茶禮)라고 하기가 마땅하지 않은 일이다.

현대 대부분의 국어사전에는 '차례(茶禮)'를 [명절날, 매달 초하룻날과 보름날, 조상 생일에 간단히 지내는 낮 제사]라 하였고, 삼명절(三名節:임금의 탄신일, 정월초하루, 동지)과 육명절(六名節: 설, 한식, 단오, 추석, 동지, 납일)에는 영희전(永禧殿)에 차례를 올리도록 하였다. 실록에는 차(茶)가 놓여 진 진설도가 있고 실제로 천삼백 회 이상 올려진 것으로 나타난다.

설날 대표적 음식인 긴 가래떡(떡국)은 오래 살기를 바라는 장수의 뜻이 있고 어린이 설빔으로 색동저고리는 오방색(五方色)으로 오복을 누리라는 뜻이 담겨있으며 남자 아이들의 연날리기와 여자들의 널뛰기는 겨우내 움츠린 하체가 튼튼하게 하는 놀이다. 특히 연날리기는 섣달그믐 무렵부터 정월 대보름까지 '액연(厄鳶)'이라 하여 연 몸통이나 꼬리에 송액(送厄) 또는 송액영복(送厄迎福) 등의 글자를 써서 액을 멀리 날려 브내기도 한다.

무엇보다 설날의 하이라이트는 가족세배다. 설날 아침에는 집안 어른이나 동네 어른 또는 선생님, 선배에게 새해 인사의 절을 올리고 멀리 계신 분에게는 일일이 세배드리기 어려우므로 연하장과 안부 전화를 드리지만, 가족은 부부 맞절과 자손이 어른에게 또는 형제자매끼리 절을 함으로써 서로의 우의를 돈독히 하고 한 해의 건강과 안녕을 바라는 마음에서 가족세배를 한다. 세배가 끝나면 어른은 자손에게 덕담을 내리고 설음식과 茶를 나누는 의례를 세배다례라고 한다.

세배다례는, 시집와서 온갖 어려움 속에서도 가정을 잘 보살피고 한결같이 무탈하게 살아준 고마움을 서로에게 표현하는 부부맞절(평절)과, 모든 자손들이 다함께 큰절로 할머니 할아버지께 올리는 세배, 그리고 동서끼리 형제끼리 서로 마주보고 가족의 화목과 안녕을 나누는 절(평절)은 일품가족이 아닐 수 없다. 아들형제는 무병장수의 손 편지를 써서 용돈과 함께 부모님께 드리면 할머니 할아버지께서는 손주들에게 덕담과 가훈을 내리고 며느리는 차와 다식으로 그 분위기를 북돋우면 이게 바로 진정한 설의 의미가 아니겠는가.

세배다례는 곧 가족다례이고 정조다례(正朝茶禮)다.
핵가족시대에 살지만 설에는 누구나 마음을 새롭게 다짐하게 하고 늘 곁에서 함께 하는 사람에게 그 고마움을 느끼게 하는 명절이다. 이번 설에는 조상과 부모와 종가를 찾아 올리는 차례에 반드시 차(茶)가 주인공이 되어 3대가 한자리에서 자칫 소홀히 지내기 쉬운 가족 간의 예절을 익히는 우리 고유의 세배다례로 건강한 가족 형성이 이루어지기를 바래본다.

4 추석(秋夕)과 차례(茶禮)

　추석(秋夕)은 음력 팔월 보름을 일컫는 말로, 중추절(仲秋節), 한가위, 가배일(嘉俳日)이라 부른다. 추석을 글자대로 풀이하면 가을 저녁, 나아가서는 가을 달빛이 가장 좋은 밤이라는 뜻이고, 중추절이라 함은 가을을 초추(初秋), 중추(中秋), 종추(終秋)로 나누었을 때 추석이 음력 8월 중추에 해당하므로 붙은 이름이다. 한가위의 '한'이란 '크다'라는 뜻이고 '가위'란 '가운데'를 나타내는 말로, '가위'는 신라시대 때 여인들이 실을 짜던 길쌈을 '가배(嘉排)'라 한 것에서 비롯된 것이다.

　그러나, 추석의 시원(始原)이나 유래에 대한 명확한 문헌 자료는 없다. 중국의 『수서(隨書)』 「동이전(東夷傳)」 신라조(新羅條)에는 "8월 15일이면 왕이 풍류를 베풀고 관리들을 시켜 활을 쏘게 하여 잘 쏜 자에게는 상으로 말이나 포목을 준다."라고 했고, 『구당서(舊唐書)』 「동이전」 신라조에도 "해마다 정월 초하룻날이면 서로 하례하는 예식을 여는데 왕이 잔치를 베풀고 또 해와 달의 신에게 절을 한다. 팔월 보름이면 풍류를 베풀고 관리들을 시켜 활을 쏜 자에게는 상으로 포목을 준다."라는 기록이 있으며, "신라인들은 산신(山神)에 제사 지내기를 좋아하며 8월 보름날이면 크게 잔치를 베풀고 관리들이 모여서 활을 잘 쏜다."고 했다.

우리 문헌에는『삼국사기』에 최초로 추석에 대한 기록이 나타나지만 그 시원을 밝히는 내용은 아니고 다만 이 자료를 통해서 추석이 신라 초기에 자리를 잡았으며, 신라시대 대표적인 명절이었음을 알 수 있다.『삼국사기』「신라본기(新羅本紀)」유리이사금(儒理尼師今) 9년조에 기록된 추석에 관한 기록은 다음과 같다.

…, "왕이 육부(六部)를 정한 후, 이를 두 패로 나누어 왕의 두 딸로 하여금 각각 부내(部內)의 여자들을 편을 짜서 추석 한 달 전부터 육부의 마당에 모여 날마다 밤늦도록 길쌈을 하도록 했는데, 8월 보름에 이르러 그 공(功)의 많고 적음을 살펴, 지는 편은 음식을 장만하여 이긴 편에 사례하고 모두 노래와 춤과 온갖 놀이를 하였으니 이를 '가배'라 한다. 이때 진 편의 여자들이 일어나 춤추며 탄식하기를, '회소회소(會蘇會蘇)' 하였는데 그 소리가 구슬프면서 아름다웠으므로 뒷사람들이 그 소리를 인연으로 노래를 지어 회소곡(會蘇曲)이라 하였다."

이처럼 신라시대에 세시명절로 자리 잡은 추석이 고려에서는 9대 속절(俗節;설, 정월 대보름, 상사(上巳), 한식, 단오, 추석, 중구(重九), 팔관(八關), 동지)에 포함되었고, 조선시대에는 추석이 설날, 한식, 단오와 더불어 4대 명절의 하나로 꼽히게 되었다. 또한『조선왕조실록』에는 속제(俗祭;설, 한식, 단오, 추석, 동지, 납일)에 '茶禮'가 천삼백 회 이상 올려진 것으로 나타났다.

현대 대부분의 사전에는 '茶禮'의 뜻을 "매달 초하루와 보름, 명절과 조상 생일에 간단히 지내는 낮제사", "중국의 사신을 맞아 임금이 차를 대접하는 의식"이라 하였다. 차례와 제사는 그 의미가 사뭇 달라, 제사에는 밥(飯)과 국(羹)이 올라가고 술을 올리지만, 차례에는 밥, 국 대신 명절음식(송편, 떡국)과 제철과일을 올리고 차(茶)가 중요 제물로 올라가야 한다.

오늘날 이러한 명절에 국민의 대다수가 부모나 종가를 찾아 민족대이동을 하며 조상에게 올리는 '차례'에는 과연 어떠한 차(茶)가 올려지고 있는가. 설이나 추석이 지나면 '차례 잘 지냈느냐'가 인사다. 대체로 '주례(酒禮)'를 지내고 '잘 지냈다'고 한다. 요즘처럼 차가 흔하고 구하기 쉬운데도 천년이 넘는 '차례문화'가 현실사회에서 그 정체성을 잃어가고 있는 것은 안타까운 일이 아닐 수 없다.

5 동지다례(冬至茶禮)와
   섣달 납향제

눈 오는 동짓날 밤 [冬至夜雪]

동지가 드는 자시 한밤중(冬至子之半)
한 자나 깊이 눈이 쌓였네(雪花盈尺深)
만물을 회복하는 봄기운 넘쳐흐르고(津津回物意)
천심을 보니 크고 광대하구나(浩浩見天心)
관문을 닫고 나그네 금하니(關閉爲禁旅)
양기가 생겨 막 음기를 깨뜨리네(陽生初破陰)
깊은 시름에 한 선이 더해지니(窮愁添一線)
동마주를 정히 마실만하구나(馬正堪斟)

- 소세양(蘇世讓, 1486~1562) 『양곡집』권9「동지야설(冬至夜雪)」에 나오는 이 시는 동지의 이치와 여러 상징을 잘 표현하여 널리 인용되고 있다.

동짓날 자정, 천심은 변함없고(冬至子之半 天心無改移) 만물을 소생시키는 봄기운이 바로 동짓날에서 시작되니 동짓날에는 '관문을 닫고 행상인의 출입을 금지시키며 임금은 지방을 순행하지 않는다.'고 하였다.
이는 땅속에서 싹트기 시작하는 지극히 작은 양기(陽氣)를 보전하려는 조심스런 마음에서 발로된 것이다. 그러므로 마유(馬乳)로 만든 동마주(馬酒)를 기꺼이 마실 만 하다는 내용이다.(동마주는 마유(馬乳)로 만든 술인데 위아래로 흔들어서 만들기 때문에 동마주란 이름이 붙었다고 한다)

동지는 고대부터 유구한 시간의 시작이었다. 당나라 때 달력을 만들던 이들은 아득한 옛날 자월(子月,11월) 초하루 갑자일(甲子日)의 한밤중 자정(子正 12시)에 동지(冬至)가 드는 때를 달력의 시작으로 삼았다. 1월 1일이 시작이 아니라 11월 1일이 시작인 것이다. 이날은 1년 중 밤이 가장 길고 낮이 가장 짧은 날로 현재 양력 12월 22일이나 23일이 그에 해당된다.
밤이 가장 긴 것은 겨울의 음기가 가장 극성하다는 의미이지만 한편으로 그다음 날부터 낮이 점차 길어지므로 양기가 회복된다는 희망을 상징한다. 즉 11월은 세상이 음에 휩싸여 있으나 땅속에서 남모르게 하나의 양이 회복되고 있다는 뜻이다. 양이 회복된다는 것은 새로운 시작을 의미하므로 한겨울 속에 싹트는 생명의 봄을 의미한다. 동지가 한 해의 시작이 된다는 의미 때문에 지금은 동지팥죽을 먹으며 불길한 것을 떨쳐버리는 정도만 남아있을 뿐이다.

섣달에 드는 납향제(臘享祭)의 '납일(臘日)'은 동지 후 셋째 미일(未日)로 1년 동안에 지은 농사나 그 밖의 일어났던 모든 일을 신(神)에게 고하고 무사하게 잘 지내게 해준데 대하여 감사의 제사를 지내는 풍속이다.

또한 섣달에는 군사들의 몸을 단련시킬 목적으로 사냥을 하도록 했는데 조선시대 정조대왕은 납일 고기로 꿩, 토끼, 노루, 사슴, 산돼지만을 잡도록 허락했다. 이 고기로 종묘에 제사를 지냈기 때문에 납제(臘祭)란 이름이 생겼다. 여기에서의 '랍(臘)'은 고기를 뜻하는 '월(月)'자와 수렵을 뜻하는 '렵(獵)'자를 결합해 만든 글자로 랍(臘)자에는 '사냥해서 잡아 온 고기'라는 뜻이 들어 있다.

국어사전에는 임금의 탄신일, 정월초하루, 동지를 삼명절(三名節)이라고 적혀있다. 또 국조오례의에는 육명일(六名日:설, 한식, 단오, 추석, 동지, 납일)에 선대왕의 영정이 모셔진 '영희전'에 다례를 올렸는데 순조는 실제로 동지다례를 올리기도 했다. 그러니까 조선시대에는 임금의 탄신일과 동지를 명절로 간주하여 '다례(茶禮)'를 지낸 것이다.

수원화성 '화령전'은 순조 원년(1801년)에 세워져 오래도록 그 원형이 잘 보존된 까닭에 국가 보물(제2035호)로 지정되었다. 순조는 '화령전응행절목'을 개정하여 정기제향으로 탄신제과 납향제를 올리도록 했다. 이제 영희전은 없어졌으나 화령전은 보물이 된 것이다. 동지와 납일이 든 동지섣달을 그냥 팥죽 생각만으로 넘겨야 할 일인지. 동짓날 자정은 길기만 하다.

6 삼명절(三名節)

국어사전에는 임금의 탄신일, 정월 초하루, 동지를 삼명절(三名節) 또는 삼명일(三名日)이라 하였다. 하여 조선시대에는 임금의 탄신일을 명절로 간주하여 '차례'를 지낸 것이다.

차례(茶禮)라는 글자 그대로 풀이한다면 '차로써 예를 올린다'는 말이기도 하지만 '차례'의 의미는 '차(茶)를 우려내서 사람 또는 신이나 영혼 그리고 산천에 예(禮)를 갖추어 대접하는 행위'이다.

즉 다시 요약하자면 차가 주인공이 되어 예를 올린다는 말이다. 사신을 접대하거나 공주의 가례 또는 신하의 공적을 치하할 때 이 차로써 행례하였고 명절에는 주례(酒禮)가 아닌 차례를 올리도록 하였는지에 대해서는 한번쯤 주목해 볼만한 부분이다.

조선왕실에서는 여섯 명일날(六名日: 설, 한식, 단오, 추석, 동지, 납일)에 승하하신 선왕의 영정을 모셔놓은 영희전(永禧殿: 태조, 세조, 원종, 숙종, 영조, 순조)에 속절차례를 올리도록 하였는데 왜 육명일에 들어있지 않은 임금님의 탄신일이 삼명일에는 들어가게 되었는지 매우 궁금하다.

또한 명절에 올리는 속절차례는 영희전에 올리도록 하고 임금님의 탄신일은 선원전(璿源殿: 태조, 숙종, 영조, 정조, 순종, 익종, 헌종)에 올리도록 하였는지 더욱 궁금하지만 그러나 그에 대한 확실한 자료가 없으니 마음속으로 짐작만 해 볼 뿐이다.

설은 음력 정월 초하룻날로 원일(元日)·원단(元旦)·원정(元正)·원신(元新)·원조(元朝)·정조(正朝)·라고도 하는데 설날지내는 차례를 정조차례(正朝茶禮), 추석에는 추석차례, 동지에는 동지차례가 되는 것이다. 실제로 임금의 탄신차례 진설도에는 차를 올리는 위치가 정해져있고 정조 이후 고종대까지 선왕의 탄신일에 103회의 탄신차례가 올려진 기록이 있다.

수원에는 정조대왕의 어진이 모셔진 화령전이 있다. 지위고하를 막론하고 명절에는 음식을 장만하여 가족과 함께하는 시간을 갖게 될 것이다. 수원의 안녕과 수원의 발전과 수원의 유구한 역사적 가치를 위하여 정월 초하룻날
은 응당 화령전에 정조차례(正朝茶禮)가 올려져야 되지 않을까 싶다.

7 정조임금 탄신일

　일반적으로 해마다 한 번씩 돌아오는 태어난 날을 가리켜 생일(生日)이라하고, 이를 높여 생신(生辰)이라고 하며, 죽은 사람의 생신에 지내는 차례를 생신차례(生辰茶禮)라고 한다. 그러나 임금이나 성인이 난 날은 탄신(誕辰), 귀인(貴人)이 태어남을 높이어 일컫는 말은 탄생(誕生), 탄생한 날을 탄생일,탄생일을 줄여서 탄일(誕日)이라고 한다. 또한 임금이나 성인(聖人)이 탄생하는 것을 탄강(誕降)이라고도 한다.

　조선시대에는 27代의 王이 있었으나 國祖로서의 태조에게만 '탄강'이라고 하였고 그 외의 임금에게는 대체로 '탄신'이라고 실록에 나타나는데, 그것은 한 나라를 세운 왕은 하늘에서 내린다는 뜻으로 탄강이라 하였던 것 같다.

　흔히 사람이 살아 있을 때는 이 세상에 태어난 날을 기념하기 위해 다양한 축하파티를 갖지만, 죽은 후에는 기일(忌日)을 중심으로 가족 친척들이 모여 돌아가신 분의 추모제를 지내게 되는데, 조선시대에는 임금의 탄신일· 정월 초하루(正朝)·동지를 三名日 또는 三名節이라 하여 승하하신 임금의 탄신일을 명절로 간주하고 다례 또는 작헌례를 올렸다.

현재 우리나라에는 태조 이성계의 초상화를 모신 전주의 경기전이 있고 수원에는 정조의 어진이 봉안된 화령전이 있다. 이 화령전은 1800년 6월 28일 정조 서거 이후, 순조 원년 4월 29일 완성하여 정조 어진을 받들게 되었는데 순조는 화성에 묻힌 선왕 정조를 찾아갈 때마다 이 전각에 禮를 올렸으며 재위 34년 기간에 10회의 친제(親祭)와 마지막 두 차례는 왕세자가 따라 나와 아헌례를 올리기도 한 곳이다.

정조임금 탄신일은 1752년 9월 22일이고(음력) 그로부터 257년이 흘렀다. 수원은 화령전이 자리한 지역의 보편성과 특수성을 동시에 지니고 있다. 설이나 추석은 물론 정조임금 탄신일에 살아생전의 잔치를 여는 것처럼 제참례자 및 참가자의 배례와 음복례로 효와 경(敬)을 실천한다면 가장 한국적이고 아름다운 축제문화로 정착될 것으로 믿는다.

8   찾아가는 성년례

　수능이 끝났다. 오늘은 실로 장대한 기도의 시간이 썰물처럼 빠져나간 고등학교 교정을 찾았다. 두 아이를 키웠던 그 옛날 분위기는 아니지만 그래도 수능 후 고등학교 분위기는 생동감으로 가득했다. 어디에서나 천천히 느릿느릿 걷는 모습은 찾아보기 어렵고 손 발 입 어느 한 부분 굳어 있는 표정이 보이지 않았다. 수능 후 고등하교 교정든 희망의 2020년을 보는 듯 했다.

　디번 수능시험을 치른 고등학교 3학년은 앞으로 한 달 남짓만 있으면 대체로 19세 전후가 된다. 성년의 나이를 만 19세로 정한 것은 법적으로 자기의 행위에 대한 책임을 질 수 있는 나이로 인정한 것이며 현행법상 만 18세가 되면 부모의 동의 없이도 혼인을 할 수 있는 것도 성인으로 인정한다는 뜻이라 생각된다.

　옛 예서(禮書)에는 [남자가 15세에서 20세가 되면 어른의 복색을 입히고 관 을 씌우는 관례와 여자에게 어른의 복색을 입히고 비녀를 꽂아주는 계례를 올려 어른으로서의 책임을 일깨우는 책성인지례(責成人之禮)]를 올렸다. 그러나 오늘날에 와서는 생홀풍습이 변화하여 상투를 틀고 관을 쓰거나 쪽을 지는 일이 거의 없어져 관례나 계례의 명칭을 사용하지 않고 '어른이 되는 의식'이라는 근본 뜻을 살려 '성년례'라는 명칭을 사용하게 되었다.

문화체육부에서는 1973년 이후에 매해 오월의 셋째 주 월요일 하루뿐인 성년의 날을 1997년부터는 성년주간(셋째주간)으로 일주일 동안으로 설정하였으며 성년의 나이도 20세에서 2013년부터는 19세로 정하여 확대 시행하도록 했다. 그렇지만 오월의 성년주간 고등학교 3학년은 긴장의 연속이며 빈틈없는 공부시간표로 꽉 차 감히 성년례를 꺼내기가 민망할 때이다.

성년례란 유년기와 성년기를 일정한 의식을 통해 명확히 구분지어 줌으로써 개인의 의식변화와 함께 성년에 걸 맞는 행동의 변화까지도 자연스럽게 이끌어 내어 사회 구성원으로 바른 몫을 해내도록 권고하는 절차이다. 사회에 나가면 타율보다는 아무래도 자율적으로 움직이게 마련이어서 친구도 사귀고 취향에 따라 취사선택을 하며 술자리도 자연스럽게 만나게 될 것이다.

안산시에서는 전국 최초로 '수능 후, 찾아가는 전통성년례'를 기획하였다. 이제 곧 제도권 밖으로 나가기 직전의 12개 고등학교 4천5백여명의 학생들에게 성년례를 올려주게 된다. 성년의식 바로 전에는 호감 이미지연출, 멋진 인사 악수예절, 자기소개와 명함 주고받기, 술(차) 마시는 예절 그리고 성년례의 참 의미를 설명하는 틈새 특강을 한다.

수능 후, 찾아가는 전통성년례는 인생을 살아가는데 누구나 거치게 되는 관 혼상제 중 첫 번째로 절차상 세 번에 걸쳐 의복과 관모를 바꿔 착용하는 의 식이며 초가례(初加禮)는 아동복에서 심의복으로, 재가례(再加禮)는 심의복에서 관리의 출입복으로,

삼가례(三加禮)는 선비복으로 갈아입히며 각각의 축사를 내린다. 그리고 술은 향기로우나 과음하면 실수하기 쉽고 몸에 해가 되니 항상 분수를 지켜 알맞도록 마셔야 한다는 초례(醮禮)와 축사를 내린다.

성년자는 축사 후에 삼가 명심하여 성심으로 받들겠습니다 하고 다짐한다. 또 저는 이제, 성년이 됨에 있어서 오늘을 있게 하신 조상과 부모님의 은혜에 감사하고 자손의 도리와 사회인으로서 정당한 권리와 신성한 의무에 충실하여 성년으로서의 본분을 다할 것을 엄숙히 선서합니다. 성년선서를 한다.

성년례는 우리민족의 고유문화유산이다. 길한 달 좋은 날에 성년이 되었음을 축하하니 이제부터는 어린 마음을 버리고 성인의 덕을 지녀야 합니다. 이 초가례 축사를 들고 학교마다 찾아 갈 요량이다.

9 다문화(多文化) 전통혼례

　안산은 다문화특구 지역으로 9월 현재 외국인주민 현황을 보면 8만7천359명이다. 내국인이 6십5만4668명으로 집계되어 있으니 8명중 한명이 외국인이라고 볼 수 있다. 물론 8만7천여명의 외국인 가운데에는 등록외국인이 65%로 5만7천51명이고 나머지는 고용허가 방문취업 결혼이민자 유학연수 전문인력 난민 방문동거 영주 등 기타가 3만여명에 달한다. 105개국 나라에서 들어와 있는 거대도시 안산의 9월 현재 전체인구는 약 74만으로 집계된다.

　요즘은 남자가 장가들고 여자가 시집가는 혼인문화의 고정관념이 깨진지 오래다. 과거 우리 조상들은 사람이 태어나면 반드시 통과해야 하는 관혼상제를 1969년에 <가정의례 준칙에 관한 법률>로 정하고 시행령과 시행규칙을 제시했다. 그리고 세월이 흐르면서 여러 번의 수정을 거쳐 2008년에는 허례허식을 버리고 의식절차를 간소화하여 건전하고 합리적인 가정의례보급과 정착을 위하여 <건전가정의례의 정착 및 지원에 관한 법률>을 개정한 후 지금에 이어지고 있다.

혼례(昏禮)란 저물녁에 여자를 만난다는 뜻으로 女+昏=혼(婚=장가든다)이고 여자는 女+因=인(姻=시집간다), 즉 음양이 만나는 저물녁에 장가들고 매파에 의하여 여자는 시집간다는 의미가 담긴 혼인례(婚姻禮)를 말한다. 가령 혼인의 조건에는 첫째, 반드시 이성지합(二姓之合)이어야 하고 둘째, 음양의 상합은 남자16세 여자14세로 보나 부모 동의 없이 법적으로 인정받을 수 있는 나이는 남자18세 여자 16세 이상이어야 한다. 또한 근친의 상중(喪中)에는 혼인하지 않아야 한다고 했다.

전통사회에서의 혼인은 남녀의 몸이 합침(婚姻則男女合體之義)으로써 종족보존이 목적이었다. 전통혼례 때 신랑이 신부집으로 기러기를 들고 가는 <전안례(奠雁禮)>를 보면 기러기는 새끼를 많이 낳고 위계질서를 잘 지키며 살다가 한 쪽이 먼저 가면 다른 짝을 찾지 않음의 상징이다. 또 자손을 많이 보기 위해 함 속에는 부정을 막는다는 붉은 팥을 넣은 주머니와 줄줄이 가지마다 많이 달려나오는 콩을 넣어 자손번창을 애써 기원했다.

혼인의 하이라이트를 합궁례(合宮禮)로 간주하는 것 또한 그만큼 자손을 얻고자했기 때문일 것이다. 자손을 위한 합궁이어야 하기 때문에 반드시 이성(二姓)이어야 하고 기러기를 들고 장가들게 하여 다산하도록 하며 함 속에는 콩 주머니를 넣은 것이 아니었겠는가. 딸을 시집보내는 친정어머니는 신랑을 따라 시댁으로 떠나는 딸에게 신행음식을 싸고싸서 보내며 지금까진 부모를 따랐지만 혼인 후엔 지아비를 따르고 늙어서는 자식을 따라야 한다고 여자의 삼종을 귀에 쏘옥 박히도록 주문했을 것이다.

요즘 시대의 혼인은 어떠한가. 우선 혼인을 정할 때는 돈과 명예를 보지 말고 당사자만 보도록 한다. 그리고 필수적으로 건강진단서와 가족관계증명서 주민등록등본 최종학교졸업증명서 재직증명서 등을 주고받아 양가에서 서로 충분히 검토하는 것을 원칙으로 해야 한다. 예물로는 백년이고 천년이고 변하지 않음을 상징하는 황금쌍가락지로 한다면 혼인의 정신이 잘 담긴 것으로 봐도 되겠다.

안산시는 105개국의 다문화가 산다. 한 가정의 어느 한쪽만 외국인이면 다문화가정으로 간주한다. 한국으로 시집오거나 외국인과 혼인하면 다문화가정이라는 뜻이다. 안산시행복예절관에서는 10년째 다문화가정을 위한 전통혼례를 시행하고 있다. 주민등본상 부부로 되어 있으면 아이가 내년에 초등학교를 입학하거나 딸이 고3이 되었어도 형편이 어려워 혼례를 치루지 못한 두 가정을 선별하여 예절관 잔디마당에서 무료로 올려주고 있다. 매우 감동한다. 전통혼례를 올린 부부는 다들 잘 산다고 전해 온다. 살맛나는 안산시다.

10   겨울방학 예절학당

작년 이맘 때 생전 보지도 듣지도 못했던 대 유행병이 시작됐다. 처음엔 눈을 떴다 감을 때까지 연신 신문 방송에 귀를 세우고 정보를 살피며 관망했다. 에이 이러다가 나아지겠지 여느 해처럼 온 산이 초록으로 물밀듯이 들이닥치다가 어김없이 봄다운 봄 으스대기도 전에 스르르 여름으로 밀려나겠지. 한두 해 살았어야 속아주지 이런 것은 살아온 경험에 의해 너무나 당연히 알고 있는 자연의 법칙이고 순리야. 그러므로 설 명절 지나 겨울방학예절학당은 그 해 첫 수업으로 또 시작되고 다시금 설레는 마음으로 일 년 동안 부쩍 키가 자란 아이들을 나는 곧 보게 될 거야.

겨울방학예절학당은 겨울 냄새가 나야하므로 개강 첫날에는 먼저 두툼한 오버를 벗고 한복을 입게 한다. 남자아이는(8세~12세) 바지저고리 위에 금박전복을 입혀 복건을 씌우고 여자아이는 다홍치마에 노랑저고리를 입힌다. 아이들은 물론 치렁한 옷고름을 만지작이며 낯설어한다. 걷거나 앉을 때는 더욱 불편해한다. 그러나 어쩌랴 함께 온 엄마들은 이미 윗층에 어머니들을 위한 틈새특강으로 보이질 않으니 자연 시간을 견딜 수밖에 도리가 없다. 하여 설날 곱게 세배하여 세뱃돈 받는 상상으로 절 배우게 하고 오래오래 건강하고 행복하게 살라는 뜻의 길고 흰 가래떡을 떡국으로 만들어 먹는 우리의 전통 음식과 유래를 익히는 일이다.

나흘간의 학당 고정 프로그램인 사자소학은 매일 한 시간씩 소리 내어 따라 읽고 쓰게 한다. 학당의 맥락으로 보면 바른 마음가짐 바른 몸가짐(九思九구용)은 물론 부모님께 효도하는 효행편과 친구사귀기(朋友) 또는 형제지간의 우애(兄友弟恭) 등은 인성예절의 기본이긴 하지만 현실적으로 매우 곤란한 경우에 빠지기도 한다. 우선 양친이 안 계신 한부모아이도 있고 형제자매가 없어 우애와 질서를 설명하기 어려울 때도 있다. 그래서 나만 잘하는 것보다 더불어 함께 잘하는 것을 놀이에서 배우도록 한다.

하루는 윷놀이 또 하루는 사방치기 그리고 팽이치기 구슬치기 복조리만들기 할 때는 그야말로 장날 같다. 우리의 전래놀이는 애들만이 아니라 어른도 좋아한다. 소리 지르며 땀 흘리며 박수치며 깔깔댄다. 시간이 언제 간지도 모른다. 입교 때 옷에다 이름표를 달아줄 때는 머쓱해서 이리저리 몸을 비틀었는데 수업을 마칠 때는 가지런히 옷을 정리하여 걸어두고 공수하며 인사한다.

스펀지가 물을 빨아들이듯 아이들은 하루가 다르게 변화되어가고 친구 오빠 동생이 된다. 실로 놀랍기도 하고 신기하기도 하지만 아이들의 맑음을 바라보는 쪽은 더욱 감동이 아닐 수 없다. 특히 밥상 앞에서는 '맛있게 잘 먹겠습니다' 그리고 다 먹은 후에는 '맛있게 잘 먹었습니다'를 말로써 표현하게 하고 다례체험 시간에는 차를 마시기 전에 반드시 '잘 마시겠습니다' 감사의 마음을 나타내도록 한다. 학당의 마지막 날은 부모님께 큰 절을 올리는데 서로서로 아쉬움으로 가득하다. 고운 습관 길들이는 학당의 목적사업이 달성되는 순간이다.

올핸 30% 입교할 수 있는 대면수업과 비대면 수업으로 준비 중이다. 곱고 예쁜 아이들과의 올 첫 프로그램에 다소 설렌다.

11 의복(衣服)에 대한 예절

봄 없이 여름 온다는 말이 실감나는 요즈음이다. 봄옷 몇 차례 못 입고 여름옷을 꺼내자니 짧은 봄이 아쉬워서가 아니라 언제부턴가 무더운 여름나기가 힘들어지기 시작하면서 겁이 난 때문이다.

예절이나 다도 수업을 할 때 나는 한복을 즐겨 입는다. 현재 우리가 대표적으로 입고 있는 한복은 남자의 바지와 저고리, 여자의 치마와 저고리로 그 기원과 유래가 정확하게 전해지지는 않지만 마름새와 입는 방법이 다른나라에서는 찾아보기 어려운 점으로 보아 우리나라의 자생적인 우리의 옷이라고 한다.

물론 한복은 신라 때 중국 당(唐)의 복제(服制) 도입으로 우리가 흔히 예복으로 입는 도포(道袍)는 임란 때 선비들도 말을 타기위해 만들어졌고, 저고리와 비슷하나 아래까지 쭈욱 두루 막혔다고 하여 이름 붙여진 두루마기는 고구려 신라 백제 3국에서 두루 입던 옷으로 1884년(조선 고종21)에 의복개혁으로 대중화 하여 신분을 가리지 않고 예복으로 입도록 제도화한 옷이다.

그렇다면 옷을 입는 까닭은 무엇일까. 인간이 생명을 유지하기 위해서는 의식주(衣食住)가 필수요건이다. 음식을 먹지 않고 잠을 못자면 살아남지 못하지만 옷은 입지 않더라도 그다지 절대적인 영향을 끼치지는 않는다. 그런데도 먹고 자는 것보다 더 옷을 중시하여 의식주라고 옷을 먼저 표현한 까닭은 생명유지 이외의 부끄러움이라는 예(禮)가 따르기 때문이다.

인간만이 가공된 옷을 입는다. 동물은 앞몸이 바닥을 향하지만 사람만이 곧추서서 정면을 향하므로 이때 노출되는 중요한 곳을 가리기 위해 옷을 입는다는 것이다. 무더운 여름에 땀을 뻘뻘 흘리면서도 옷을 입고, 물속에 들어가면 젖을 것을 알면서도 수영복을 입는 것은 수치심을 가리려는 인간의 본능에서 온 것이다.

한복은 한국인의 복식이고 양복은 서양인의 복식이다. 동서양을 막론하고 옷의 기능은 체온 보존, 신체 방호, 아름다움, 수치 가림 그리고 때와 장소에 잘 어울림에 있다. 옷차림은 사회생활을 영위하는 대인관계에서 매우 중요한 부분으로 무엇보다도 불안하지 않게 입어야 하고 만부득이한 경우가 아니라면 심한 노출은 삼가 해야 정상이다.

12   어린이 인성예절과 유아다례

고운 습관은 훌륭한 인격을 만든다. 이 생각 하나만으로 육십 나이 이전에는 일반인 학부모 대학생을 대상으로 한국의 전통문화인 예다(예절과다도)문화교육을 전문적으로 했다. 그러다 약 사오년 전부터는 유아다례(유치원, 초중등학생대상)교육에 집중하고 있는데 그 이유는 호기심 많은 아이들과의 신선한 만남에 나도 모르게 이끌렸기 때문이다.

자라나는 어린이 인성교육에 크게 작용하는 다례교육을 어떻게 기획할 것인가, 고운 습관을 길들이고 훌륭한 인격형성의 밑거름이 될 차생활예절을 어떻게 체계적으로 지도할 것인지 구체적인 접근에 고민하게 되었다. 수원에는 초등학교가 98개교이고 거기에 딸린 병설유치원이 83개교 147학급이다. 유치원생은 대개 6세, 7세반으로 한 반이 약 20명~30명이며 사립은 공립보다 더 많다.

다례를 통한 어린이 인성예절에는 차도구가 필수다. 차도구 없이 다례교육은 이루어질 수가 없다. 그럼에도 유아다례를 위하여 차도구가 갖추어진 병설유치원은 단 한

군데도 없다. 다례교육은 유아 찻상과 차도구 일습 그리고 학생 수 만큼의 찻잔과 지반, 홍청 방석과 차와 함께 먹을 다식이나 다식판 등을 구비해야 한다.

경기도립중앙도서관에서는 2010년부터 도서관 연계학습으로 방과후 유아다례를 전국 최초로 실시하여 지금까지 꾸준히 시행하고 있다. 다식재료와 차도구는 교육원이 준비하여 가져가지만 한복 갖춰 입고 짐 보따리 들고 이 학교 저 학교 오가며 이걸 해야 하나 말아야하나 갈등의 연속은 강사의 몫이다. 공사립 유치원생은 2만명이고 그나마 수혜를 받는 행운의 공립유치원은 5개 학급으로 130명 정도에 불과하지만.

첫 수업을 마치고 두 번째 학교에 가면 담임선생님께서, 아이들이 한복을 입으면 걸음걸이가 달라지고 차 우려서 두 손으로 마시는 소꿉놀이를 한다고 은근히 자랑하신다. 숨소리 하나 눈동자 한 번 깜박이지 않고 집중 또 집중하는 아이들, 아직은 멀지만 어린이 인성예절에 다례만큼 집중이 잘 되는 수업이 또 있을까 싶다.

13 성호 이익(李瀷)의 밥상

밥상, 이보다 정겨운 말이 또 어디 있을까. 밥, 국, 반찬 등이 펼쳐진 밥상을 보면 습관처럼 숟가락 젓가락을 찾아 집어 들게 된다. 밥은 살아있는 사람이 이 세상에서 가장 선호하는 첫 번째 음식이요 없어서는 안 되는 보약이다. 그래서 공자는 사람이 태어나서 칠팔 세까지를 바른 생활 습관과 체벌로써 이력을 세우도록 했으며 특히 밥상 앞에서 비교 시비 따지지 않는 슬기를 배우고 길들여 일생을 좌우하는 품성과 인격이 결정되도록 했다.

성호 이익(星湖 李瀷, 1681(숙종 7년)~1763년(영조 39년)은 조선 문화의 전성기인 18세기 전반 영조대에 활약한 재야 지식인이다. 흔히 조선 후기 사회의 새로운 사상적 흐름을 실학이라고 하는데, 이익은 실학사상 형성기의 대표적 학자로 평가되고 있다. 이익의 실학사상 요지는 아름다운 문장이나 시문에만 매달리지 말고 백성들이 살아가는데 실제적으로 유용하고 실효성 있는 학문을 해야 한다는 것이다.

성호 선생은 아버지 이하진이 경신환국 때 평안도 운산으로 유배된 곳에서 태어났으나 두 살 때 아버지가 유배지에서 별세하자 어머니 권씨(權氏)부인과 함께 안산 첨성리(지금의 일동)에 있는 고향집에 내려와 살게 되었다. 과거시험에 낙방하고 어려운 집단과 오랜 질병으로 말년에는 송곳 꽂을 땅도 없는 빈한한 처지가 되어 처참한 환경 속에서도 성호사설, 곽우록, 성호선생문집, 이선생예설, 사칠신편, 이자수어 등 실로 방대한 저서를 남겼다.

그가 저술한 성호사설에는 "곡식이란 사람을 살리는 것으로 그중 콩의 힘이 가장 크다"고 하여 콩을 반이나 섞어 지은 콩밥을 예찬한 시 반숙가(半菽歌)가 있다. 콩은 나의 논이나 밭이 없어도 주위 논두렁 밭두렁 한 쪽에 심으면 줄줄이 많은 수확을 할 수 있는 밭에서 나는 소고기라 불리는 고단백식품이다. 동의보감에도 콩으로 만든 요리는 질병을 예방하고 두뇌발달에 좋을 뿐 아니라 오장을 보호하고 위장관을 따뜻하게 하는 장수식품이라고 했다.

타늘하나 꽂을 땅도 소유하지 않았던 성호 이익선생은 안산에서 삼두회라는 모임을 만들어 콩죽 콩나물 콩된장 이 세 가지를 먹거리로 삼아 주기적으로
모임을 가졌는데 흰쌀밥이나 고기가 아닌 콩 요리 밥상이 그를 82세까지 장수하게 한 것이 아니었겠는가.

안산은 성호의 도시이다. 그것은 이익 선생의 화포잡영(華浦雜詠:지금의 본오동, 사동, 성포동 일부가 모두 바닷물이 들어오는 갯벌이었으며 이 갯벌을 화포라고 했다)이라는 시에서 볼 수 있다. "저 넓은 갯벌에 제방을 쌓아 바닷물을 막고 소금끼를 없앤다면 광활한 옥토가 되어 농토가 없어 굶어 죽는 백성을 배불리 먹일 수 있을 것이니 좋은 계책 백성에게 물어 이루라" 라고 읊은 것이다. 이익 선생의 간절한 이상이 200

여년 후인 이제야 이루어져 안산 시민들이 바다를 메꾸어 아파트를 짓고 보금자리를 마련하여 풍요롭게 살고 있기 때문이다.

　성호 이익의 밥상은 콩을 재료로 한 밥, 국, 삼찬만의 소략하고 검소한 선비의 밥상이다. 조선 왕조가 설정한 선비는 학예일치(學藝一致)를 이룬 자라 하였다. 성호이익이 기반을 다지고 한 번도 뵌 적이 없으나 성호선생의 책을 읽고 실학을 완성한 유배지 강진의 다산 선생을 다시 생각하게 하는 안산의 밥상이다.

14   오월의 기도

  오월은 노동절에 이어 어린이날, 어버이날, 스승의 날, 성년의 날, 부부의 날 그리고 유권자의 날, 5.18민주화 기념일, 발명의 날, 세계인의 날, 방재의 날, 바다의 날이 있고 입하와 소만과 윤사월(23일)이 시작되는 날이 든 달이다. 그래서 오월은 버겁다. 버거워서 그런지 오월에는 희망과 기도의 시가 많이 쓰여 졌고 읽게 된다.

  피천득 시인은, 오월은 금방 찬물로 세수를 한 스물한 살 청신한 얼굴이다/ 하얀 손가락에 끼어 있는 비취가락지다/ 오월은 앵두와 어린 딸기의 달이요/ 오월은 모란의 달이다/ 그러나 오월은 무엇보다도 신록의 달이다/ 전나무의 바늘잎도 연한 살결같이 보드랍다/ 스물한 살 나이였던 오월/ 신록을 바라다보면 내가 살아 있다는 사실이 참으로 즐겁다..고 노래했다.
오월 앞에서 스물 한 살의 나를 떠 올리고 금방 찬물로 세수를 한 청신한 얼굴을 어떻게 연상했는지 읽고 또 읽는다. 하얀 손가락과 비취가락지 앵두와 어린 딸기 그리고 어머니의 젖무덤같이 풍성하고 따뜻한 모란과 무엇보다도 전나무의 바늘잎도 보드랍다는 대목은 더 이상 어쩌지 못할 오월이다.

　또 노천명의 시 푸른 오월은, 청자 빛 하늘이 곱고/ 연못 창포 잎에/ 감미로운 첫여름이 흐른다// 라일락 숲에/ 내 젊은 꿈이 나비처럼 앉는 정오/ 계절의 여왕 오월의 푸른 여신 앞에/ 왠일인지 외롭다/ 보리밭 푸른 물결을 헤치며/ 종달새모양/ 아름다운 노래라도 부르자/ 서러운 노래를 부르자..고 했고, 곽재구는 강생원의 뱃삯이라는 시에서 뱃사공 강생원이 뱃삯 대신 진달래꽃 살구꽃 수선화 꽃 조팝꽃을 다발다발 받아 싣고 '어 참 꽃 좋다/ 어 참 세상 이쁘다'고 봄을 노래했다.
청자 빛 고운 하늘과 창포 잎을 보고 감미로운 첫여름을 연결시키고 정오의 라일락 숲에서 내 젊은 꿈을 되살리는 푸른 오월이 되레 서럽고 외롭기에 아름다운 노래를 부르고자 했던 노천명의 푸른 오월 그리고 곽재구의 뱃삯 대신 진달래 살구 수선화 조팝의 이쁜 꽃을 통하여 세상이 이쁘다고 오월을 노래했다.

　사실 시에서 나오는 봄꽃들을 들여다보면 얼마나 신비하고 예쁜지 정말 놀랄만하다. 나무가지마다 꽃이 피고 찬란한 햇살이 꽃 떨기에 머물 때 발걸음은 옮겨지지 않는다. 그래서 괴테는 오월을, 오 대지여, 오 태양이여! 오 행복이여, 오 환희여!/ 뜨거운 피로 내가 너를 사랑하듯이/ 내게 청춘을 주고 기쁨과 용기를/ 새 노래와 새 춤을 출 수 있는 그대여 영원히 행복하라..고 노래했다.

　나는 올 들어 참기 어려운 몇 차례의 일을 준비 없이 겪었다. 거칠고 공격적인 말투, 이해나 배려는 고사하고 견제의 빛이 역력한 전투태세로 공격해 온 여간 불편한 사건이 서너 차례 연거푸 일어났다. 왜 이리 공격적일까. 왜 이리 부정적일까를 수없이 되뇌었지만 답 없이 코로나가 왔고 코로나는 재택근무로 나에게 많은 시간을 자연스럽게 베풀었다. 코로나 덕분에 시도 읽고 고전도 뒤적이는 사이 사람과 사람과의 관계를 재설정 하게 되고 아리고 쓰린 그리운 이름도 도저히 용서가 아니 되는 이름도 서서히 묽어졌다.

　오월은 이틀에 한 번꼴이 기념일인 까닭에 년 중 가장 많은 행사로 분분한 달이다. 그러므로 생각하건데 분분한 오월의 날들은 새 노래와 새로운 춤으로 장식해야한다. 손에 비누를 쥐고 많은 거품을 내어 오랫동안 씻고 또 씻어내는 동안 오월의 연한 녹색은 나날이 번져 가고 어느덧 짙어지고 말 것이다. 그리고 유월이 되면 원숙한 여인같이 녹음이 우거질 것이고 태양은 정열을 퍼붓기 시작할 것이다. 아 살 것 같다. 이것이 오월의 기도문이다.

15 행복(幸福) 예절관

　예절관(禮節館)은 예의범절 즉 모든 예의와 절차를 가르치는 곳이다. 일반적으로 예절관이란 명칭 앞에는 지역의 이름, 이를테면 평택예절관 안양예절관 또는 용인예절관이라고 쓰고 있다. 그런데 안산만은 행복예절관이라고 칭한다. 행복 즉 Happiness 라는 말은 지칭이 아닌 추상명사여서 내가 행복예절관을 처음 들었을 때 한참이나 거리감이 좁혀지지 않았다.

　그러한 행복예절관의 대문을 아침저녁으로 드나들어도 행복은 내게 착 안기는 맛이 없었다. 왠지 행복은 남의동네 이야기 같기만 하고 고맙고 감사하다는 말 뒤에 숨어서 잘 나오지 않았다. 스스로에게 인색하고 욕심이 높아서 그랬는지도 모른다. 하물며 어쩌다 예절에 관심이 있는 분이 아니라면 예절이란 단어에 흥미가 당기지 않는다가 맞을 것이다.

가끔씩 요즘 같은 시대에 관혼상제를 배워서 어디다 쓰느냐고 그것도 공부까지 해가며 알아야 할 필요가 있느냐며 묻는다. 또 어느 여성분께 이번 학기에 예절관 프로그램을 새롭게 단장했으니 신청해보시라고 권유 했다가 "제가 예절이 없어 보여요?"라는 난감한 답을 들은 적도 있다.

그렇다면 예절은 왜 하는가. 예절에서는 마음속의 생각(意思)을 실제(實際)라고 한다. 이러한 실제인 생각을 막히지 않고 상대방과 잘 통하게 하는 것을 소통이라고 하는데 의사를 소통하는 데에는 격식(格式)이 있다. 이 격식에는 어휘와 어법으로 하는 언어예절과 행동으로 나타내는 행동예절이 있는데 이 언동(言動)의 일치를 가리켜 참예절이라고 한다. 그러나 언동의 일치가 그리 쉬운 일인가.

주자(朱子)의 소학(小學)에 '예가 아니면 보지 말며(非禮勿視) 예가 아니면 듣지 말며(非禮勿聽) 예가 아니면 말하지 말며(非禮勿言) 예가 아니면 동하지 말라(非禮勿動)'했던 것은 그 오래전에도 말이 안 되는 소리들이 있었기에 이런 내용을 어린아이들에게 가르친 것이 아니었을까.
우리가 잘 아는 '이솝'의 우화에, 늑대는 부리가 긴 두루미에게 국물을 접시에 담아 대접하고 두루미는 늑대에게 목이 긴 병에 담아 대접한 것은 서로 상대방의 입장을 배려하지 못하고 자기 입장에서만 상대를 대접했기 때문이다.

우리가 예절을 하는 까닭은 무엇일까. 그것은 늑대와 두루미는 물론 망설이다 때를 놓쳐버리는 벙어리가 되어서는 안 되기 때문일 것이다. 예절의 본질은 결국 마음속의 생각을 격식이라는 과정을 통하여 사람이 사람으로서 사람다워지려고 끊임없는 자기관리(修己)와 원만한 대인관계(治人)를 형성하고자 부단히 공들이고 또 공들여야 하는 것이라고 생각한다.

거리를 보라, 얼마나 자유로운가. 공공장소나 직장에서 편하게 풀어놓고 격식에 맞지 않는 옷을 입으며 제멋대로 자세를 취해도 누구 하나 지적하지 않고 지적하면 오히려 공격당하는 세상이 되어버렸다. 이 시대에 예절은 명맥 잇기에도 버거운 현실이 되었다. 이제 우리에게 중요한 것은 무엇일가. 우리 모두는 자기 인생을 살아가고 있다, 그 누구도 남의 인생을 대신 살아주지 않는다. 그러므로 마음속의 생각을 말과 행동으로 표현하는 격식을 법도대로 배우고 익히도록 하는 곳이 요구된다. 바로 해피니스 예절관의 몫이기도 하다.

말랑말랑 생활인성 교과서, K-생활예절

저자　강성금 장동순 김영미 윤동은
발행일　초판 2025년 8월 8일
발행인　임화자 김운기
펴낸곳　문학공동체샘물
편집자　곽효민　　**표지디자인**　문유경
기획마케팅　한명순 안희주
책임교정　안직수

등록일　2025년 2월 19일
신고번호　제2025-000030호
주소　수원시 팔달구 화서문로 35, 3층
전화　031-269-9991　　**팩스**　031-241-2322
전자우편　saemmul25@naver.com

ISBN　979-11-992167-4-7

가격　22,000원

* 이 책의 판권은 저자와 문학공동체샘물에 있습니다.
　양측의 동의없는 무단전제 및 복제를 금합니다.